Dietmar Fiebrandt

Gemüse haltbar machen durch Fermentieren

Immunsystem stärken durch gesunde Ernährung

Dietmar Fiebrandt

Gemüse haltbar machen durch Fermentieren

Immunsystem stärken durch gesunde Ernährung

SüdOst Verlag

Bibliografische Information der Deutschen Nationalbibliothek

Die Deutsche Nationalbibliothek verzeichnet diese Publikation in der Deutschen Nationalbibliografie; detaillierte bibliografische Daten sind im Internet über http://dnb.dnb.de abrufbar.
ISBN 978-3-95587-818-4

MIX
Papier aus verantwortungsvollen Quellen
FSC® C014138
FSC
www.fsc.org

Für uns, die Battenberg Gietl Verlag GmbH mit all ihren Imprint-Verlagen, ist Nachhaltigkeit ein wichtiger Teil unserer Unternehmensphilosophie. Daher achten wir bei allen unseren Produkten auf den Einsatz umweltschonender Ressourcen und Materialien.
Dieses Buch wurde auf FSC®-zertifiziertem Papier gedruckt. FSC (Forest Stewardship Council®) ist eine nicht staatliche, gemeinnützige Organisation, die sich für die verantwortungsvolle und ökologische Nutzung der Wälder unserer Erde einsetzt.

Unsere Partnerdruckerei kann zudem für den gesamten Herstellungsprozess nachfolgende Zertifikate vorweisen:
- Zertifizierung für FOGRA PSO
- Zertifizierungssystem FSC®
- Leitlinien zur klimaneutralen Produktion (Carbon Footprint)
- Zertifizierung EcoVadis (die Methodik besteht aus 21 Kriterien in den Bereichen Umwelt, Einhaltung menschlicher Rechte und Ethik)
- Zertifikat zum Energieverbrauch aus 100 % erneuerbaren Quellen
- Teilnahme am Projekt „Grünes Unternehmen" zum Schutz von Naturressourcen und der menschlichen Gesundheit

3. Auflage 2022
ISBN 978-3-95587-818-4

www.battenberg-gietl.de

Gärtopf mit Beschwerungsstein

Das vorliegende Buch ist Ausdruck eigener Erkenntnisse und Erfahrungen, die nach bestem Wissen und Gewissen zu Papier gebracht worden sind.

Dennoch sind alle Angaben ohne Gewähr. Weder Autor noch Verlag übernehmen Haftung für Schäden oder Nachteile, die durch die Nutzung oder Nichtnutzung der dargebotenen Informationen beziehungsweise durch die Nutzung fehlerhafter und unvollständiger Informationen verursacht wurden.

Der Verfasser gibt weder therapeutische oder medizinische Ratschläge noch stellt er Diagnosen.
Die Ausführungen in diesem Buch erheben auch nicht den Anspruch einer wissenschaftlichen Arbeit.

Darüber hinaus haben Sie als mündiger Bürger ein Recht zur Selbstbehandlung und insofern steht es Ihnen frei, sich durch die hier beschriebenen Inhalte inspirieren zu lassen oder sie anzuwenden.

Glückwunsch!

Sie haben sich entschlossen, ihren Speiseplan durch fermentierte Lebensmittel zu ergänzen?

Haben Sie schon Erfahrungen mit dem Fermentieren gesammelt, sind aber aus irgendeinem Grund nicht weitergekommen, da Ihnen möglicherweise Ihr Fermentierungsgut schimmelig geworden ist oder gar die Gärung nicht eingesetzt hat?

Es gibt zahlreiche Gründe, woran die Fermentierung scheitern kann.
Aus diesem Grund habe ich dieses Buch verfasst. Seit etwa 2003 fermentiere ich und seit 2016 halte ich Vorträge und leite Seminare über das Fermentieren.

Gerne möchte ich meine in den Jahren gesammelte Erfahrung an Sie in diesem Buch weitergeben, damit Ihnen die typischen Anfängerfehler erspart bleiben, die nicht nur viel Zeit, sondern auch Geld kosten.

Aber perfekt bin ich nicht. Fermentieren ist wie eine Entdeckungsreise, auf der Sie die Vielfalt der Lebensmittel und ihre Zubereitungsmöglichkeiten kennenlernen. Gehen Sie mit mir auf diese Entdeckungsreise und machen Sie Ihre eigenen Erfahrungen.

Ich wünsche Ihnen sehr gutes Gelingen anhand dieses Buches und hoffe, dass es ein nützlicher Ratgeber für Sie wird.

SYSTEM ERROR

Inhalt

Einleitung

Fermentieren

Rezepte

Anhang

Mein Anfang

Wie so oft im Leben ändert man erst etwas, wenn man durch Krankheit oder andere Umstände dazu gezwungen wird. So war das auch bei mir. Eines Tages musste mich der Rettungsdienst von der Arbeit abholen. Meine linke Gesichtshälfte und mein linkes Bein waren taub, was auf einen Schlaganfall hindeutete. Nach einigen Untersuchungen konnte ein Schlaganfall ausgeschlossen werden, sodass die Ursache für die Beschwerden woanders liegen musste. Und so begann eine Odyssee durch Krankenhäuser und Facharztpraxen. Eineinhalb Jahre später eröffnete man mir, ich hätte eine neurologische Krankheit. Das Krankheitsbild sei durch fortschreitende Verfallserscheinungen meines Gehirns gekennzeichnet, ähnlich einer multiplen Sklerose und das Ganze sei unaufhaltsam und irreparabel. Mit einer düsteren Prognose auf ein wenig lebenswertes Schicksal in der Tasche wurde ich in die Erwerbsunfähigkeitsrente entlassen – und das mit gerade einmal 44 Jahren. Und so nahm die Symptomatik auch tatsächlich ihren Lauf.

Mein Gesundheitszustand wurde zunehmend schlechter, bis mir bewusst wurde, dass sich durch meinen Beruf als Offsetdrucker sowie durch die zahlreichen Impfungen zu viele Giftstoffe in meinem Körper eingelagert haben könnten. Denn in der Tat verursacht Quecksilber derartige Beschwerden und so begann ich mich damit zu beschäftigen, wie diese Giftstoffe wieder aus dem Körper ausgeschieden werden können.

Entschlackung könne nicht schaden, war mein Gedanke. Ich las entsprechende Literatur, um Methoden zu finden, die für mich in Frage kämen.

Zuerst begann ich mit sanftem Heilfasten, welches bei mir allerdings keine nennenswerte Wirkung zeigte.

frisches Gartengemüse

verschiedene Gärtöpfe

Dann wurde ich durch die Lektüre einiger Fachbucher auf die effektive Entgiftungsmöglichkeit durch vegane Rohkost aufmerksam. Diese Methode probierte ich zusammen mit einer Darmreinigung und regelmäßigem Fasten aus. Das hat tatsächlich auch sehr schnell seine Wirkung gezeigt.

Es gibt viele Entschlackungsmöglichkeiten, hier muss jeder individuell seinen persönlichen Weg finden, denn wir sind nicht alle gleich und haben nicht dieselben Voraussetzungen.

Als veganer Rohköstler, der ich eine gewisse Zeit lang war, wurde ich mit dem Problem konfrontiert, dass das Obst und Gemüse im Supermarkt oftmals wie Plastik aussah und ich mich nun fragte, ob das meine ganze Nahrungsvielfalt sein sollte. So suchte ich nach anderen Quellen, die mehr Qualität versprachen.

Heute bin ich zwar kein veganer Rohköstler mehr, denn mit der Zeit schwächten diese Ernährungsweise und das ständige Entgiften meinen Körper.

Aber ich habe in dieser Zeit gelernt, was gute Lebensmittel ausmachen. Sie sind nicht nur Magenfüller, sie erhalten uns am Leben. Auch die Erkenntnis, wie die Nahrungsmittelindustrie die „Lebensmittel" herstellt, hat einen sehr großen Einfluss auf mein Leben genommen und mich sogar dazu bewogen, die Stadt zu verlassen.

Wir sind in ein kleines, älteres Anwesen mit einem kleinen Garten gezogen. Dies war der erste Schritt, um zumindest teilweise zum Selbstversorger zu werden.

Inzwischen ist die Selbstversorgung zu einem wichtigen Thema für mich geworden.

Stellt man seine Lebensmittel selbst her, weiß man nicht nur, was enthalten ist, auch der psychologische Wert ist beachtlich.

Etwas selbst herzustellen entspricht einer ganz bestimmten Lebenshaltung, die dem Menschen Zufriedenheit verschafft, denn es symbolisiert Autonomie und Lernbereitschaft.

Im Zuge meiner neuen Lebensgewohnheiten fasste ich auch den Entschluss, mein Sauerkraut nicht mehr im Geschäft zu kaufen, sondern selbst herzustellen.

Bei einem Flohmarktbesuch hatte ich ein kleines, älteres Heftchen über Milchsäure-

Bohnen mit Blumenkohl

Gärtopf gefüllt mit Topinambur

gärung erstanden. Das war meine erste Anleitung. Ich habe mir für dieses Unterfangen meinen ersten Gärtopf gekauft, mit dreißig Liter Fassungsvermögen und mit Wasserrinne.

Ein Krauthobel wurde angeschafft und schon ging es los. Ich habe mein erstes Kraut geschnitten und eingestampft.

Das erste Sauerkraut ist wirklich sehr gut gelungen, der Vater von meinem damaligen Vermieter sprach mir sein Lob aus und merkte an, dass das Kraut wie früher schmecken würde. Natürlich freute ich mich über solch ein Kompliment und darüber, dass der erste Versuch so gut geglückt war. Dies motivierte mich, auch Anderes auszuprobieren, denn wenn ich Weißkraut fermentieren könne, müsse das auch mit Blaukraut (Rotkohl) funktionieren.

Also habe ich mir weitere Töpfe besorgt und auch Blaukraut vergären lassen.

Was Rote Bete betrifft, hatte ich ein sehr gutes Gartenjahr, in dem dieses gesunde Wurzelgemüse eine sehr reiche Ernte einbrachte. So habe ich mit einem Zehn-Liter-Gärtopf angefangen, Rote Bete zu fermentieren. Geraspelt habe ich sie mit einer Küchenmaschine, anschließend gewürzt und gesalzen, danach mit Blättern zugedeckt und mit Steinen beschwert und verschlossen. Zuletzt habe ich das Ganze in die Garage zum Einsäuern gestellt. Als ich nach mehreren Stunden die Garage wieder betrat, war der ganze Boden rot!

Dies war mir eine Lehre, dass frische Rote Bete aus dem Garten sehr stark fermentiert und folglich der Gärtopf nicht ganz voll gefüllt werden sollte.

Fermentiertes ist ein lebendiges Lebensmittel mit lebendigen Mikroorganismen und verhält sich entsprechend.

Doch aus solchen Missgeschicken lernt man und entwickelt sich weiter. Als ich etwa 2003 mit dem Fermentieren angefangen habe, hätte ich niemals geglaubt, dass ich später darüber Vorträge halten würde oder sogar Seminare geben würde.

Heute empfehle ich jedem, der mit Fermentieren anfängt, einen Kurs zu besuchen, denn das minimiert die Fehlerquellen.

In meinen Seminaren und Vorträgen werden mir sehr viele unterschiedliche Fragen gestellt, wie etwa „warum so und nicht anders, warum ausgerechnet diese Gläser, warum Töpfe mit Wasserrinne und nicht ohne, …“ etc.

Daraus resultierend habe ich dieses Buch geschrieben. Es soll eine Hilfestellung sein, nicht die gleichen Enttäuschungen zu erleben wie ich, beziehungsweise diese in Grenzen zu halten.

Missgeschicke wird es immer geben, diese sollen aber niemanden davon abhalten weiterzumachen.

Gemüse zu fermentieren blickt auf eine lange Tradition zurück, welche aber in der Zeit des Wirtschaftswunders beinahe ausgestorben wäre. Plötzlich gab es immer mehr Fertigprodukte zu kaufen und die Notwendigkeit, etwas selbst herzustellen, war obsolet.

So verschwand dieses alte Wissen nach und nach, ebenso die praktischen Erdkeller, welche auf Grund ihrer konstant kühlen Temperatur hervorragend der Lagerung des Fermentierungsguts dienten ohne jeglichen Energieverbrauch.

Oft wurden die Erdkeller in der Vergangenheit abgerissen oder zugeschüttet.

Wer also heute über keinen solchen Naturkeller verfügt, braucht einen elektrischen Erdkeller (Kühlschrank).

Denn ohne Kühlung lassen sich die Fermente nicht lagern, da sie sonst übersäuern und praktisch ungenießbar werden. Mildgesäuertes wird hingegen gerne verzehrt.

Ich versuche in meinen Rezepten zu erklären, warum und was genau zu tun ist und welche Gefäße infrage kommen. Fermentierung ist dynamischer und vielseitiger als Kochen. Fermentiertes ist lebendige Nahrung und verhält sich entsprechend. Wir arbeiten mit lebendigen Organismen.

Das Wie und Warum hat einen höheren Stellenwert als die Frage, welche Zutaten zusammen gemischt werden sollen. Zutaten variieren je nach Region, Tradition und Geschmack.

Dietmar Fiebrandt bei einem Fermentiervortrag

Oberste Priorität ist es, die Arbeitstechnik zu verstehen und zu beherrschen, dann folgen die Qualität und die Auswahl der Zutaten, die natürlich auch von sehr großer Bedeutung sind. Fermentieren wird das Gemüse von selbst, wir müssen nur warten, sofern wir die richtigen Bedingungen geschaffen haben. Die Bedingungen in unseren Fermentationsgefäßen sind maßgeblich das Wichtigste.

Dieses Wissen um die Handwerkskunst des Fermentierens will ich hauptsächlich in diesem Buch vermitteln.

BAKTERIEN SIND NICHT UNSERE FEINDE, SONDERN UNSERE VERBÜNDETEN.

Ich kann nicht oft genug betonen, dass die Fermentierung ein natürlicher Vorgang ist, der viel umfassender ist als menschliche Kochkünste. Denn selbst die Zellen in unserem Körper sind zu Gärprozessen fähig. Wir Menschen haben das Fermentieren nicht erfunden, man könnte eher sagen, die Fermentierung hat uns erschaffen. Denn Bakterien und Mikroorganismen sind unsere Vorfahren, ohne die es kein Leben gäbe.

Die Bedeutung von Mikroorganismen und deren Wechselwirkungen kann gar nicht als wichtig genug betrachtet werden. Ohne unsere bakteriellen Partner funktionieren wir nicht.

Sie sind für die Abläufe des Lebens, wie die Verdauung und Immunabwehr, unabdingbar.

Wir leben in einer symbiotischen Gemeinschaft mit diesen einzelligen Lebewesen.

Die Darmflora zerlegt unser Essen in Nährstoffe, die der Körper aufnehmen kann, schützt uns vor gefährlichen Organismen und bringt unserem Immunsystem bei, wie es sich zu verhalten hat.

Sie sind nicht unsere Feinde, sondern unsere Verbündeten.

Der Umgang mit Bakterien erfordert für viele ein grundlegendes Umdenken. Denn das Fermentieren mit Bakterien steht in einem starken Kontrast zu der allgemein verbreiteten Meinung, Bakterien seien unsere Feinde, und wir müssten sie bekämpfen.

Wir nehmen nicht nur antibiotische Medikamente ein, zwar oft aus gutem Grund, dennoch meiner Meinung nach zu häufig verschrieben, sondern füttern auch unsere Nutztiere mit Kraftfutter, meist angereichert mit Antibiotika, düngen unser Gemüse mit Pestiziden, sterilisieren unser Wasser mit Chlor und verwenden antibakterielle Seifen und Putzmittel. Versprochen wird uns dabei, dass diese Mittel 99,9 Prozent aller Bakterien töten.

Das Problem dabei ist, dass wir damit auch die nützlichen Bakterien – die Mehrzahl derer sind sogar unverzichtbar – eliminieren. Diese permanente und willkürliche Vernichtung der Bakterien macht uns für Infektionen tatsächlich viel anfälliger statt umgekehrt. Und da Bakterien genetisch wandlungsfähig sind, bilden sie schnell Resistenzen gegen die am meisten verbreiteten antibakteriellen Präparate.

Der stete Pauschalangriff auf Bakterien ist also fehl am Platz und gefährlich.

Ich habe einen guten Bekannten, der sehr krank war und über mehrere Wochen ein aggressives Antibiotikum einnehmen musste. Er kommt regelmäßig zu mir und holt sich verschiedenes fermentiertes Gemüse, um seine Darmflora langsam wieder zu regenerieren. Solche Präparate zur Sanierung der Darmflora sind auch vergleichsweise kostspielig in der Apotheke zu erwerben. Diese Präparate kann man aber auch mit fermentiertem Gemüse oder fermentierten Getränken, die roh und nicht pasteurisiert sind, günstig selbst herstellen und das Ergebnis ist vermutlich wirkungsvoller.

Milch wird durch Fermentation zu haltbarem Käse

Nutzen

Außer zur Alkoholherstellung wird die Fermentation schon immer zur Haltbarmachung beziehungsweise Konservierung von Lebensmitteln angewandt. Käse ist zum Beispiel viel haltbarer als Milch.

In den letzten Jahrzehnten jedoch ist durch das Eindosen, Tiefkühlen, durch den Einsatz chemischer Konservierungsmittel und auch durch das Bestrahlen, die Fermentierungsmethode fast in Vergessenheit geraten. Gerade noch hat sich die Fermentierung von Kohl zu Sauerkraut bei uns am Leben erhalten. Allerdings ist die Bandbreite der zu fermentierenden Produkte sehr viel höher.

Fermentierung hat auch einen energetischen Nutzen. Das stundenlange Kochen entfällt, es werden weder Gas, Strom noch andere Energieträger benötigt. Gekühlt werden die Fermente ohne jeglichen Energieaufwand im Erdkeller oder einem anderen kühlen Raum unter zehn Grad.

> „SEIN EIGENES ESSEN ANZUBAUEN IST WIE SEIN EIGENES GELD ZU DRUCKEN“ RON FINLEY

Diese energiesparende Konservierungsmethode wird angesichts der Unsicherheit der künftigen Energieversorgung immer bedeutsamer.

Wie schon bereits erwähnt, ist in der Nachkriegszeit, dem Zeitalter des Wirtschaftswunders, die Leidenschaft zur Selbstversorgung mit regionalen Lebensmitteln fast ausgestorben. Warum sollte man sich noch die Mühe machen, etwas selbst herzustellen, wenn es doch auf einmal alles fertig und günstig im Supermarkt zu erwerben gab?

Heute dagegen befindet sich die Selbstversorgung mit regionalen Lebensmitteln wieder im Aufschwung.

Die regionale Lebensmittelproduktion und -versorgung ist in vielerlei Hinsicht empfehlenswerter als der Konsum von Lebensmitteln aus der industriellen Nahrungsmittelherstellung:

Sie sind oftmals reifer, frischer und nahrhafter, sorgen für Arbeitsplätze in der Region, für geringere Abhängigkeit, sparen Kraftstoff und bieten häufig eine unabhängigere Ernährungssicherung.

Wie Sie sehen, gibt es einige nützliche Aspekte der Fermentation. Für mich persönlich zählen aber vor allem die feinen Aromen, die bei der Fermentation entstehen, sowie der gesundheitliche Aspekt.

Fermentieren, keine neue Entdeckung

Bio ist in aller Munde, mittlerweile gibt es auch zahlreiche Bioprodukte beim Discounter zu erwerben. Biologische Erzeugnisse gibt es per se seit Jahrtausenden, nur wurden sie auf Grund der zahlreichen und renditestärkeren Monokulturen aus dem Fokus verdrängt, da die Verbraucher mehr Wert auf billige Lebensmittel legten.

FERMENTIEREN ERLEBT GERADE EINEN GROSSEN BOOM.

Doch hier setzt mittlerweile bei vielen ein Umdenken ein. Nicht nur beim Fermentieren, sondern allgemein geht der Trend zu qualitativ hochwertigen Lebensmitteln und zur Selbstversorgung.

Fermentation ist etwa so alt wie die Menschheit. In China, beim Bau der Chinesischen Mauer, hat man den Arbeitern eingesäuerten Kohl gegeben. Dies liegt circa 6000 Jahre zurück.

Von den Ureinwohnern Australiens wird berichtet, dass sie, als die ersten Europäer den Kontinent betraten, noch keine Kulturpflanzen kannten, wohl aber vielfältige Gärmethoden.

In Korea wird heute wie vor 2000 Jahren in Gärtöpfen mit einer Wasserrinne gesäuert. Die koreanische Nationalspeise Kimchi besteht aus einer Mischung aus Chinakohl, Pfeffer, Chili, Zwiebeln, Lauch und Ingwer, oft auch gesalzenem Fisch.

Auch in Lappland hat man fermentiert, zum Beispiel Lattich-Arten, Sauerampfer etc. Die Rezepte dort haben sich von Tal zu Tal unterschieden.

Entsprechend verhält es sich mit dem Kwass aus Russland, bekannt als Brottrunk. Davon gibt es in Russland scheinbar so viele unterschiedliche Rezepte wie Einwohner.

In Schweden fermentiert man heute noch Fisch. Bekannt als Surströmming. Ich esse leidenschaftlich gern Fermentiertes, aber bei Surströmming komme ich an meine Geschmacksgrenzen beziehungsweise Geruchsgrenzen.

In England nennt man uns Deutsche vornehmlich „Krauts“, was wohl daran liegt, dass wir gerne Sauerkraut essen. Erfunden haben wir es allerdings nicht. Es stammt aus Asien. Bei uns in Deutschland ist Weißkraut in Form von Sauerkraut das wohl bekannteste fermentierte Gemüse.

Dabei lässt sich aber so gut wie jedes Gemüse fermentieren. In Osteuropa ist das Fermentieren von verschiedenem Gemüse noch heute an der Tagesordnung. Was eventuell dem Umstand geschuldet ist, dass es dort in der Nachkriegszeit kein Wirtschaftswunder gegeben hatte. So hat sich die Tradition des Fermentierens von verschiedenstem Gemüse bei unseren Nachbarn in Rumänien, Ungarn, Serbien etc. erhalten. Auch ihre Erdkeller haben sie sich bewahrt.

ÜBER DAS SAUERKRAUT HAT WILHELM BUSCH EIN GEDICHT GESCHRIEBEN: „… WOVON SIE BESONDERS SCHWÄRMT, WENN ES WIEDER AUFGEWÄRMT.“

Ich habe von einigen Bekannten, die ursprünglich aus diesen Ländern stammen, viele Tipps und Ideen erhalten, die mir weitergeholfen haben. Im Rezeptteil sind einige Tipps aus Osteuropa zu finden.

Milchsäurebakterien, die Grundlage unserer Gesundheit

In unserem Mund, im Darm und im Magen sorgen Bakterien für die Bildung von Milchsäurebakterien, so entsteht die bekannte „Darmflora". Hundert Billionen Bakterien leben nicht nur in unserem Darm, sondern in jeder Zelle und sie haben einen erheblichen Einfluss auf unser Leben.

Eine falsche Ernährung züchtet auch falsche Bakterien. Die Bakterien spielen nicht nur eine Rolle bezüglich der Gewichtszunahme beziehungsweise des Gewichtsverlusts, sie beeinflussen auch unsere Stimmung

Bacteria Bifidobacterium

Unser Körper ist ein Ökosystem, das am besten funktioniert, wenn es von unterschiedlichen Arten von Mikroorganismen besiedelt ist. Artenvielfalt ist auch in unserem Körper lebenswichtig. Bakterien sind für die Verdauung und Immunabwehr unabdingbar.

Wir Menschen leben in einer symbiotischen Gemeinschaft mit diesen einzelligen Mikroorganismen.

Die Darmflora mit ihren Bakterien zerlegt unser Essen in Nährstoffe, die dadurch vom Körper aufgenommen werden können. Die Bakterien schützen uns vor gefährlichen Organismen und bringen unserem Immunsystem bei, wie es sich zu verhalten hat. Sämtliche Formen des Lebens sind bakteriellen Ursprungs!

- *Es gibt innerhalb des Darms verschiedene Schichten von Bakteriengesellschaften: direkt auf den Epithelzellen, im unteren Bereich der Schleimschicht, in deren Mitte, auf der Schleimschicht und im Speisebrei – sowie Bakterien, die zwischen den verschiedenen Schichten vermitteln.*
- *Bakterien kommunizieren als Einzelne, als Stämme und als Gruppen mittels Botenstoffen, Genaustausch und auf anderen Wegen untereinander und mit den Enterozyten, Becherzellen, Nervenzellen und weiteren Epithelzellen in der Darmschleimhaut.*
- *Darmbakterien regulieren das Immunsystem.*
- *Bakterien sind miteinander in Aktivitätsgemeinschaften vernetzt.*
- *Diese Vernetzung führt zu einander ergänzenden Stoffwechsel-Prozessen.*
- *Dadurch potenzieren sich die Einzeleigenschaften der verschiedenen Stämme.*
- *Je mehr verschiedene Stämme vorkommen, desto stabiler ist das System.*

- *Die Bakterien vermehren sich abhängig von der Nahrungszufuhr und dem Zustand des Mikrobioms.*
- *Das Milieu wird durch Durchblutung, Speisebrei, Säuregrad, Nervenimpulse, Hormone und andere Körpereigenschaften gestaltet.*
- *Bakterien sorgen für die Bildung der Schleimschicht.*
- *Bakterien ernähren durch Fettsäuren die Epithelzellen.*
- *Bakterienstoffwechsel der Nahrung stellt die Endphase der Verdauung vor dem Stoffwechsel in die Zelle dar.*
- *Bakterien aus dem Darm gelangen in den gesamten Körper.*
- *Das Mikrobiom ist einem Rhythmus unterworfen, der dem wechselnden Nahrungsangebot entspricht.*
- *Jeder Mensch lebt mit einem individuellen Mikrobiom, es ist unverwechselbar.*
- *Die Darmschleimhaut spiegelt als innere Grenzfläche seelisch-geistig-körperliche Erfahrungen mit äußeren Grenzen wider.*
- *Das Mikrobiom reagiert elastisch auf Einflüsse und reguliert diese so, dass es möglichst erhalten bleibt.*
- *Bakterien passen sich Veränderungen an mit dem Ziel, die Mikrobiom-Darm-Einheit zu erhalten.*
- *Übersteigt eine Wirkung auf das Mikrobiom seine Toleranzbreite, zum Beispiel durch Chemikalien, Nährstoff- oder Durchblutungsmangel, extreme Einseitigkeit, Antibiose oder Ähnliches, kommt es zum Mikrobiomschock. Seine innere Struktur wird gesprengt, und es kehrt danach nicht wieder in seine Ausgangsverfassung zurück.*
- *Ein Mikrobiomschock hat weitreichende Folgen für die Gesundheit, die alle Organsysteme betreffen können.*

An alldem lässt sich gut ablesen, was für Pflege und Heilung des Mikrobioms benötigt wird. Es ist genau das, was wir bereits als gesunde Lebensweise kennen, neu darin sind jedoch die Wichtigkeit der Bakterien und das Wissen, dass tatsächlich Gesundheit und die Heilung bei Krankheiten von ihnen abhängen.

Quelle: Dr. Anne Katharina Zschocke: Darmbakterien als Schlüssel zur Gesundheit

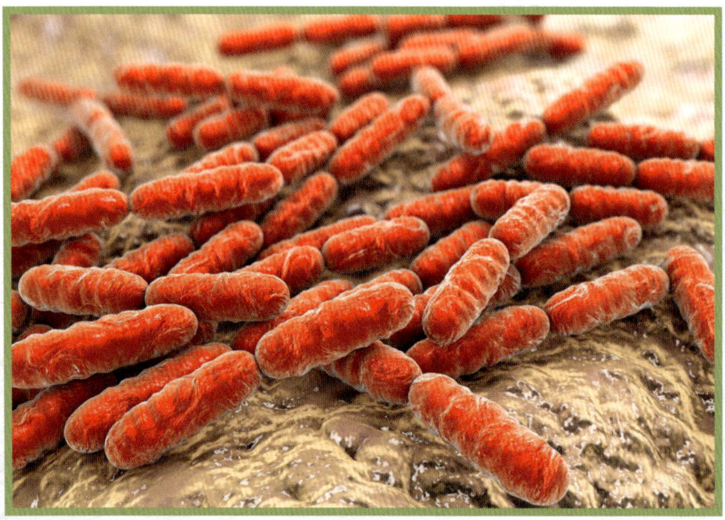

Bacteria Lactobacillus

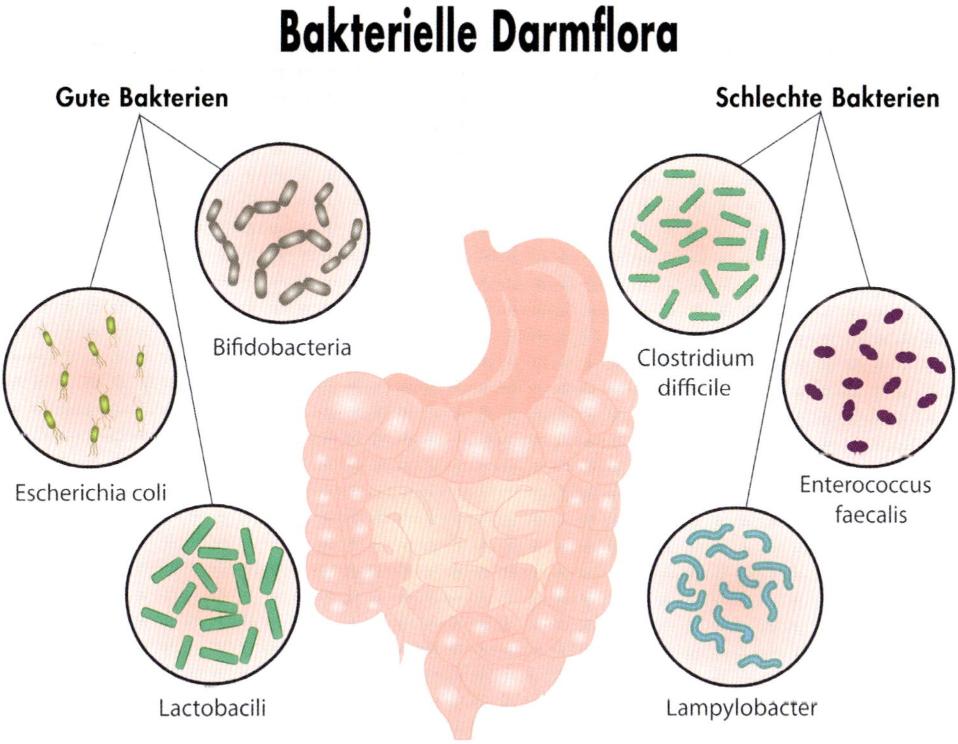

Wo befinden sich eigentlich die Milchsäurebakterien?

Jedes mehrzellige Lebewesen hat eine entsprechende Schutzhülle aus Bakterien. Bei uns Menschen ist es der Säureschutzmantel unserer Haut, der so genannte pH-Wert. Er besteht aus Milchsäurebakterien. Gesunde Pflanzen haben ebenfalls einen Schutzmantel aus Milchsäurebakterien. Pflanzen, die bodennah wachsen, weisen besonders viele davon auf, da gerade in gesunden Böden unzählige solcher Bakterien vorkommen.

Damit kann man hervorragend fermentieren. Spontangärung nennt man das. Verfügt man über solches Gemüse, werden keine Starter aus Molke oder anderen Kulturen benötigt. Gemüse von so guter Qualität erhält man in der Regel nur aus dem eigenen Garten.

Gemüse in Monokulturen zu produzieren, ist nur mit viel Arbeitsaufwand möglich. Auf diese Weise produziertes Gemüse ist dadurch natürlich teurer als billig hergestellte Massenware. So findet sich diese gute und natürliche Qualität in unseren Läden kaum noch, was wir teilweise uns selbst zuschreiben müssen.

Ein Referent bei einem von mir besuchten Vortrag drückte es sehr anschaulich aus: *„Der moderne Mensch fährt mit einem teuren Auto zum billigsten Discounter, kauft dort die billigsten Lebensmittel, und kocht sie in einer teuer gekauften Küche."*

Pflanzenschutzmittel sind auch nichts anderes als Antibiotika (Anti = Gegen, Biotika = biologisches Leben), wenn man es ganz wörtlich nimmt. Denn zu diesem Zweck, biologisches Leben zu zerstören, werden sie schließlich eingesetzt.

FERMENTATION IST DIE UMWELTSCHONENDSTE METHODE FÜR DIE HALTBARMACHUNG VON GEMÜSE.

Wenn die Rückstände dieser Mittel in unseren Körper gelangen, kann unser Mikrobiom nicht mehr ordnungsgemäß funktionieren. Folglich wird unser Immunsystem geschwächt und die Auswirkungen zeigen sich gerade in der gegenwärtigen Krise beispiellos. Das zeigt sich auch an unseren Fermenten.

Werden solche Mittel verwendet, wirkt sich das sehr ungünstig auf die natürlichen Milchsäurebakterien und auf die anderen Mikroorganismen aus. Es wird sich dann als schwierig erweisen, die Gärung von selbst in Gang kommen zu lassen. Unser Fermentierungsgut wird dann zwangsläufig schimmeln beziehungsweise „umkippen". So kann man beim Fermentieren Rückschlüsse auf die Qualität unserer Nahrung ziehen.

Es ist sehr vorteilhaft, mit sogenannten natürlichen oder wilden Bakterien zu fermentieren. Es gibt unzählige verschiedene Kulturen von Milchsäurebakterien. Die verschiedenen Kulturen sind beispielsweise der Milch oder den jeweiligen Pflanzen angepasst, da sie unterschiedliche Wirte haben.

Bereits früher fermentierte man Milchprodukte wie zum Beispiel Joghurt, Quark und Käse nicht zusammen mit Gemüse in einem Raum. Zwar war in den früheren Zeiten nichts von den mikrobiologischen Vorgängen bekannt, doch schon damals war es wohl schlüssig, dass unterschiedliche Kulturen auch ein unterschiedliches Milieu benötigen.

Aus diesem Grund befinden sich auf unserem unterschiedlichen Gemüse verschiedene Kulturen von Milchsäurebakterien. Durch die Fermentation mit ihnen gelangt diese Vielfalt in unseren Körper. Der Körper braucht diese Vielfalt, dadurch wird eine gute Darmflora oder ein stabiles Mikrobiom begünstigt. So wird auch das Immunsystem gestärkt.

Lactobacillus

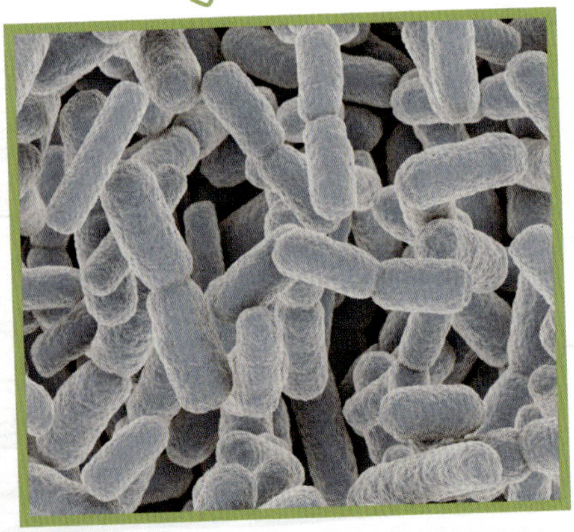

Warum Fermentieren?

Es ist von großer Bedeutung zu erwähnen, dass die Haltbarmachung von Gemüse durch Fermentation bei weitem die nachhaltigste und umweltschonendste Methode ist, die es gibt.

Die Gärtöpfe und Bügelgläser lassen sich beliebig oft verwenden. Es entsteht bei der Verwendung der Gärgefäße keinerlei Müll. Sie sind mit reinem Wasser einfach zu reinigen. Die Gemüsereste, die bei der Zubereitung entstehen, können einfach in den Kompost gegeben werden, dadurch entsteht

Kleines Ferment-Buffet

neuer, lebendiger Boden. Sogar, wenn Fermentiertes übrig bleibt oder schlecht geworden ist, lässt sich das vorteilhaft nutzen, denn so erhält der Kompost Zuwachs an neuen Mikroben. Müll wird sozusagen gar nicht produziert.

Weit wichtiger allerdings ist der Zustand von fermentiertem Gemüse. Die lebenswichtigen Enzyme der Gemüse bleiben erhalten, während beim Einfrieren weitgehend die Enzyme verloren gehen.

Durch Erhitzen oder Pasteurisieren gehen die Enzyme verloren. Ab einer Temperatur von 42 Grad beginnen die Enzyme kaputtzugehen. In der Wissenschaft sind circa 30 000 unterschiedliche Enzyme bekannt, davon sind etwa zehn Prozent erforscht. Lebenswichtig sind aber sicherlich alle.

Ein Enzym (Biokatalysator, Ferment) nennt die Wissenschaft die Stoffe, die in allen höheren, lebenden Organismen vorkommen, und in biochemische Abläufe eingreifen. Sie beschleunigen chemische Reaktionen, ohne dass sie sich selbst verändern. Sie beteiligen sich an auf- und abbauenden Prozessen und sind notwendig für unsere Lebensprozesse.

Wir finden also solche Enzyme fast nur in rohen Lebensmitteln. Aber wie viel Rohkost isst der Mensch täglich? Denken Sie mal nach … was war gestern oder heute der Anteil an rohen Lebensmitteln, den Sie verzehrt haben? Ein gewisser Anteil an roher Nahrung ist allerdings eminent wichtig.

Durch ihre lebenden Zellen erhält diese Naturkost reichlich „Sonneninformation“. Diese Art an „Informationen“ braucht der Mensch

Vortrags-Kostproben

zur Erhaltung der Vitalität. Nahrung besteht nicht nur aus Inhaltsstoffen, wie es uns oft vermittelt wird. Auch der Zustand der Nahrung ist von großer Bedeutung.

Durch den Verzehr roher Nahrung, insbesondere durch fermentierte Kost, stehen uns all die bekannten Vitalstoffe, Vitamine, Mineralien, Aromastoffe etc. in natürlicher Form zur Verfügung. Sie vitalisieren und stärken unsere Abwehrkräfte und unterstützen unzählige Vorgänge in unserem Körper.

Vegetarische Rohkost enthält einen hohen Anteil an Spurenelementen und verschiedensten Mineralien in der Form, wie sie unser Körper optimal verarbeiten kann. Dazu kommt der hohe Anteil an Ballaststoffen, die wir für unseren Darm brauchen. Das kolloidal strukturierte Zellwasser dieser Kost wirkt reinigend in unserem Körper, da es reichlich brauchbare Informationen erhält.

Beziehen wir unser Gemüse aus dem Garten oder aus einem guten Bioladen, haben wir eine Kost mit einem vergleichsweise niedrigen Gehalt an Umweltgiften und anderen Fremdstoffen. Solche Gemüse sind viel gesünder als industriell verarbeitete Produkte, da ihnen beim Verarbeitungsprozess nicht diverse Fremdstoffe hinzugefügt werden. Schadstoffe können auch durch Erhitzen entstehen, wohingegen Rohkost frei davon ist.

Generell ist bei vegetarischer Rohkost eine beachtliche Heilwirkung festzustellen, die unter anderem entschlackend, entgiftend, entschleimend und entsäuernd wirkt. Aus eigener Erfahrung empfehle ich die Ernährung mit ausschließlich vegetarischer Rohkost nur zeitlich beschränkt, denn auf Dauer kann sie den Körper auch schwächen. Ich habe dadurch jedenfalls die Kenntnis gewonnen, was qualitative Nahrung ausmacht.

Noch einmal zusammenfassend soll an dieser Stelle erwähnt werden, dass fermentierte Nahrung nicht dauerhaft frische Lebensmittel ersetzen kann. Denn nur frisches Gemüse enthält die lebenswichtigen Biophotonen (ein lesenswertes Buch dazu wurde von Fritz-Albert Popp verfasst: „Die Botschaft der Nahrung").

Aber fermentierte Nahrung ist auf Grund der Nachhaltigkeit und des Nährstoffreichtums jeder anderen Konservierungsart weit überlegen.

Wie bereits ausgeführt, ist sie nach einer notwendigen Behandlung durch Antibiotikum hilfreich, unsere Darmflora wieder schneller regenerieren zu lassen.

Viel hilft viel?

Getreu dem Motto „viel hilft viel“ sind etliche Werbesendungen aufgebaut. So wird suggeriert, je mehr Vitamine beispielsweise in einem Produkt enthalten sind, desto effektiver ist das Ergebnis.

Fermentierte Nahrung greift durch ihren Gehalt verschiedenster Wertstoffe in unsere Körperfunktionen ein und das geschieht unabhängig von der Menge. Die positive Wirkung hängt davon ab, wie regelmäßig diese Kost gegessen wird. Essen Sie nur einmal pro Monat eine Gabel rohes Sauerkraut, wird dies Ihrer Darmflora nur wenig nützen.

Genauso wenig sollten Sie jeden Tag einen großen Teller Sauerkraut verzehren. Wie überall, ist auch hier das Mittelmaß entscheidend. Wenn Sie anfangen, fermentierte Rohkost zu essen, empfehle ich bei meinen Seminaren und Vorträgen immer, mit ein oder zwei Gabeln zu starten, damit sich der Darm auf die neuen „Bewohner“ einstellen kann.

Fermentiertes Chinakohl-Kimchi, Blumenkohl, Bohnen, frischer Salat

Einen festen Ernährungsplan gibt es nicht, wie viel fermentierte Kost gegessen werden soll. Wie bereits erwähnt, ist jeder Mensch unterschiedlich und reagiert damit auch unterschiedlich auf diese Mikroorganismen. Dies gilt es für sich selbst herauszufinden und auf seinen Körper zu hören.

Ich gebe beispielsweise zu meinem täglichen Rohkostsalat ein paar Gabeln Fermentiertes dazu, wie auf dem Foto zu sehen. Probieren Sie es doch mit einem Kimchi oder einem Rote-Bete-Salat, dazu fermentierte gelbe Rüben, frischen Salatblättern und, wenn gerade verfügbar, frischen Sprossen.

Mit so einer Mahlzeit täglich ist man schon auf einem guten Weg, zumindest kann ich das aus meiner persönlichen Erfahrung sagen.

Der Vorteil der Milchsäure

Nach der Devise: „Sauer macht lustig“ wird oftmals reichlich Essig im Salat verwendet. Aber welcher Essig?

Essig, der durch Gärung von Wein hergestellt wird, enthält im Durchschnitt drei bis neun Prozent Acetonsäure und gewöhnlich noch etwas Tartarinsäure. Man weiß, dass die Acetonsäure im Essig eine der Ursachen für Leberverhärtung (Leberzirrhose), Zwölffingerdarmgeschwüre und andere Geschwüre ist.

Der aus Äpfeln hergestellte bekannte Apfelessig enthält Maleinsäure (C_4, H_6, O_5), welche ein natürlicher, organischer Bestandteil von Äpfeln ist und eine auch am Verdauungsprozess beteiligte Substanz ist (Dr. Norman Walker: „Frische Frucht- und Gemüsesäfte“).

Probiotic bacteria

Die Milchsäure gehört von allen organischen Säuren zur wirkungsvollsten, die das Wachstum von zerstörenden Bakterien in Lebensmitteln am stärksten hemmt (Schimmel, Kahmhefe etc.). Obwohl sie eine starke Säure ist, wirkt sie im Körper nicht säurebildend. Während Alkohol und Essigsäure vom Körper abgebaut werden müssen, kann die Milchsäure dagegen zum größten Teil vom Organismus aufgebaut werden.

Was bedeutet Qualität?

Das Wort Fermentieren kommt aus dem Lateinischen „fermentatio", von „fermentare" und bedeutet: „gären machen", „schwellen machen", von „fermentum": „Auflockerung der Erde, Aufwallung, Gärung".

Fermentation bezeichnet in der Biologie und Biotechnologie die mikrobielle oder enzymatische Umwandlung organischer Stoffe in Säure, Gase oder Alkohol.

Dies geschieht entweder durch Zugabe von Bakterien-, Pilz- oder sonstigen biologischen Zellkulturen oder aber durch den Zusatz von Enzymen (Fermenten), die die Fermentation im Rahmen ihres enzymkatalysierten Stoffwechsels ausführen (in Anlehnung an Wikipedia).

Bei natürlichem Gemüse ohne Spritzmittel (Gartenqualität) sind diese Mikroorganismen bereits von Natur aus auf den Ausgangsstoffen vorhanden, so braucht man keine Starter

FERMENTIEREN KOMMT AUS DEM LATEINISCHEN „FERMENTATIO" UND BEDEUTET: „GÄREN LASSEN"

Gemüse in Gartenqualität

Tomaten und Bohnen im Glas

Idealerweise lagert man kühl und dunkel.

wie Molke etc. Dies wird, wie auch bereits erwähnt, Spontangärung genannt.

Da eine solche Qualität von Gemüse in der industriellen Landwirtschaft kaum noch vorhanden ist, werden gerade in der industriellen Fermentation Reinzuchtzellkulturen zugegeben, um die Fermentation besser zu kontrollieren und unerwünschte Nebenprodukte auszuschließen. Ohne diese Starterkulturen käme die Fermentation von selbst kaum in Gang.

Selbst bin ich in den vielen Jahren ein großer Fan der Spontangärung geworden, da für mich ein natürliches, ohne Zugabe von Pflanzenschutzmitteln gewachsenes Gemüse Qualität bedeutet. Ich bezeichne das als Gartenqualität.

Es gibt Gärtnereien, die ihren eigenen Kompost machen und ausschließlich mit „Effektiven Mikroorganismen" arbeiten. Diese verdienen meiner Meinung nach das Prädikat „beste Gartenqualität". Mit diesem auf diese Weise gedüngten und natürlich gewachsenen Gemüse lässt sich sicher hervorragend fermentieren.

Sie werden die Erfahrung machen, wenn Sie auf diese Weise anfangen zu fermentieren, was Qualität bei Gemüse ausmacht. So ist Gemüse nicht gleich Gemüse.

Wildpflanzen fermentieren

Natürliche Fermentierung ist eine Methode, die Natur in unseren Körper „einzubauen“, mit der natürlichen Welt um uns herum zu verschmelzen. Natürliche Nahrungsmittel, spezielle mikrobielle Kulturen, besitzen eine enorme Lebenskraft, die uns hilft, sich den wechselnden Bedingungen anzupassen und die Anfälligkeit für Krankheiten zu minimieren.

NATÜRLICHE FERMENTIERUNG IST EINE METHODE, DIE NATUR IN UNSEREN KÖRPER „EINZUBAUEN“.

Das Fermentieren heimischer Gemüse erlebt gerade einen wunderbaren Boom. Ich treffe bei meinen Vorträgen und Kursen immer mehr Menschen, die sich dafür entscheiden, das Fermentieren wieder aufleben zu lassen.

Bemerkenswert ist, dass sich vor allem auch sehr viele junge Menschen dafür interessieren. Das resultiert sicher aus der Tatsache, dass auch die vegane und vegetarische Ernährungsweise gleichermaßen einen Aufwärtstrend erlebt.

Eine ganz besondere Pastinake

Was passiert bei der Fermentation von Gemüse?

Wie gerade beschrieben, bedeutet Fermentation Gären und Aufwallung. Wenn ein Baumstamm im Wald abstirbt, und von Bakterien-, Pilz- oder sonstigen biologischen Zellkulturen zersetzt wird, ist das auch eine Fermentation, zwar eine unkontrollierte, sie entspricht der Fermentation im Kompost.

Ließen wir das Gemüse offen und unkontrolliert liegen, würde es ebenfalls fermentieren, aber es wäre ungenießbar auf Grund der Schimmel- und Hefebildung, die der Darmflora schaden würden. Daher muss der Gärprozess kontrolliert werden.

Die wichtigsten Grundvoraussetzungen sind:

1. Eine entsprechende Salzkonzentration
2. Eine entsprechende Temperatur
3. Ein entsprechender Druck auf unser Gemüse.

Geeignete Gefäße sind Grundvoraussetzung, auf diese wird in einem weiteren Kapitel ausführlich eingegangen.

Es müssen die richtigen Bedingungen erfüllt sein, damit der Gärungsprozess in Gang kommt.

Bei der kontrollierten Gärung bildet sich die wichtige Milchsäure. Die Milchsäurebakterien können nur wachsen, wenn die notwendigen Nährstoffe und das entsprechende Milieu vorhanden sind.

Zu den für sie benötigten Nährstoffen gehören B-Vitamine, Mineralien, Zucker und Spurenelemente in natürlicher Form.

Sorgen wir nicht für solche Bedingungen, wird das Fermentierungsgut faulen und „umkippen". Die Arbeit war dann vergeblich.

Was folgt, wenn diese Bedingungen geschaffen worden sind?

Bei der entsprechenden Temperatur, je nach dem, was fermentiert wird, folgen

1. Die Gärung
2. Die Einsäuerung
3. Die Lagerung und Aromabildung

Die Gärung

Die Gärung kommt in der Regel sehr schnell in Gang. Im Herbst mache ich immer mehrere Gärtöpfe mit Sauerkraut. Sobald ich den ersten Topf soweit fertig habe und mich beim Einstampfen des zweiten Topfs befinde, nehme ich das deutliche Geräusch des Gärungsprozesses war, es blubbert im wahrsten Sinne des Wortes. Wenn die Gärung so schnell einsetzt, ist das ein sicheres Indiz, gute Qualität verwendet zu haben.

Das Gärgefäß lasse ich dann, je nach Größe, maximal einen Tag bei Zimmertemperatur stehen und den Inhalt gären. Genauere Zeiten folgen im Rezeptteil.

Ingwerbier im Ballon

Bei der Gärung bekommen die Milchsäurebakterien die Oberhand, andere Mikroorganismen können sich nicht mehr vermehren, da die Milchsäurebakterien den Sauerstoff aus dem Gärgefäß entweichen lassen und ohne Sauerstoff fehlt den schädlichen Pilzen und Hefen die Grundlage. Die Gärung geht dann über in die Säuerung.

Die Einsäuerung

Durch die Säuerung, die der Gärung automatisch folgt und ebenfalls bei Zimmertemperatur stattfindet, bilden sich neue Stoffe, unter anderem Vitamin B 12, Acetylcholin und natürlich die wichtige Milchsäure.

Durch die Einsäuerung entsteht die Konservierung, und durch die Bildung der neuen Stoffe kommt es auch zur Veredelung der Gemüse.

Je länger man den Einsäuerungsprozess gewähren lässt, umso säuerlicher wird dann das Endprodukt. Wer seine Gemüse eher milder und nicht zu sauer genießen will, sollte den Einsäuerungsprozess nicht zu lange geschehen lassen.

Der Einsäuerungsprozess wird beendet beziehungsweise extrem verlangsamt, indem das Fermentierungsgut zur Einlagerung kühl gestellt wird. Dazu wird es in einen Erdkeller oder Kühlschrank gestellt. Bei Temperaturen unter circa acht Grad oder kühler säuert das Gemüse nicht mehr.

Die Lagerung und Aromabildung

Die Lagerung im Erdkeller oder im Kühlschrank bewirkt dann die Aromabildung. Ähnlich, wie reife Früchte erst mit der Zeit ihr Aroma entfalten, verhält sich das auch beim fermentierten Gemüse.

Duft und Aroma von Ihrem Fermentierungsgut sind der beste Beweis dafür. „Zeit schafft Aroma“, daher sollten Sie keine Eile haben, die Behälter zu öffnen. Je länger Sie es ziehen lassen, umso mehr werden Ihre Produkte veredelt.

Deshalb ist die Auswahl der Gefäße äußerst wichtig. In gesammelten, billigen Twist-Off-Gläsern ist das längere Lagern schwierig. Dazu später mehr.

Echtes Miso beispielsweise sollte mindestens vier Jahre lagern. Miso-Suppe und Miso-Pflaster können heilende Kräfte entwickeln.

Wissenschaftler fanden darin unter anderem Zybocolin, das radioaktive Stoffe abbaut. Leider ging man dazu über, diesen langjährigen Prozess der Miso-Herstellung mit chemischen Mitteln stark zu verkürzen.

Da stellt sich die Frage, ob dann diese heilsamen Stoffe noch ihre Wirkung haben, oder überhaupt noch vorhanden sind. Gleiches wird leider auch mit industrieller Sojasoße gemacht.

Im Kühlschrank sind Bügelgläser am besten aufgehoben.

Immer anders

Jede Fermentierung bringt einmalige Ergebnisse. Diese werden nicht nur von den Zutaten beeinflusst, sondern unter anderem auch von Faktoren wie Umgebung, Jahreszeit, Temperatur, Feuchtigkeit und vielen mehr. Sie alle beeinflussen die Wirkung der Mikroorganismen, deren Tätigkeit diese Transformation möglich macht.

FERMENTIEREN BEDEUTET VIELFALT

Dazu kommen noch die verschiedensten Chemikalien und Spritzgifte, die sich später auch in den fertigen Produkten finden.

Einfache, biologisch richtige Methoden wie beispielsweise die Milchsäuregärung können bei solchen Produkten nicht mehr zur Anwendung kommen, da das natürliche Gleichgewicht der Pflanzen schon vom Boden her gestört ist. Die Bodenqualität hat dementsprechend großen Einfluss auf das Gemüse und folglich auch auf die Fermentierung. Wer

Radieserl und Ingwerbier

Ein Gärballon mit weitem Hals ist leichter zu reinigen.

sehen will, wie unsere Nahrung wächst und produziert wird, dem sei der Film „Unser täglich Brot“ (auch im Internet zu finden) ans Herz gelegt. Wer ausschließlich standardisierte Nahrung ohne lebende Mikroorganismen verzehren will, darf nicht fermentieren.

Alles in diesem Universum ist mit allem verbunden, so auch ein Lebewesen mit den Nahrungsmitteln. Doch in unserer so fortschrittlichen und technisierten Welt haben wir teilweise die Verbindung zu unserer Umwelt verloren.

Zwar haben wir in unserer westlichen Welt viel mehr Essen zur Auswahl, als es sich die Menschen in früherer Zeit nur hätten erträumen können. Durch unsere Arbeitskraft können wir mehr Lebensmittel erzeugen als jemals zuvor. Unsere Lebensmittel reisen heutzutage um den ganzen Erdball.

Doch die weltweit angelegten kommerziellen Systeme, auf denen unsere Nahrungsketten basieren, zerstören unsere Erde und so auch unsere Gesundheit. Was die Produktion und den Transport unseres Essens betrifft, ist die Mehrheit unserer Zivilisationsgesellschaft von einer globalen Infrastruktur von Monokulturen (Massenpflanzenhaltung), synthetischen Chemikalien und Biotechnologie abhängig geworden.

Die Geräte

Viele Geräte sind überflüssig. Meistens genügen ein Schneidebrett und ein Gemüsemesser.

Aber wenn man eine Küchenmaschine zu Hause hat, mit der man hobeln und raspeln kann, ist das auf jeden Fall sehr nützlich. Für einen Rote-Bete-Salat beispielsweise ist eine elektrische Raspel durchaus eine Erleichterung. Auch ein Krauthobel und ein Krautstampfer erweisen sich als wertvolles Zubehör, nicht nur zur Herstellung von Sauerkraut. Es gibt nur wenige Geräte, die einen Krauthobel ersetzen können. Kraut kann man übrigens in der Regel in den Monaten Oktober und November frisch und fertig geschnitten bei einigen Kraut-Bauern kaufen. Bei größeren Mengen macht das Sinn.

Mit dem kleinen Krautstampfer (abgebildet auf dem Foto), der noch aus meinem Elternhaus stammt, kann man das Fermentierungsgut ausgezeichnet in den Bügelgläsern fest-

drücken, aber nicht stampfen. Das entfällt bei den Bügelgläsern.

Säuert man größere Mengen, ist ein größerer Holzstampfer hilfreich.

Bei kleineren Mengen nimmt man die Faust zu Hilfe. Damit bekommen wir auch ein besseres Verhältnis zu unserer Arbeit.

Größere Mengen lassen sich am leichtesten in einem extra ebenerdigen Bottich mit den Füßen stampfen. Ich persönlich stampfe nicht mehr gerne direkt im Gärtopf, weil mir dabei schon einmal der Boden gesprungen ist. Es versteht sich von selbst, dass die Füße vorher gründlich gewaschen werden und am besten mit Salzwasser abgerieben werden. Gefäße und Geräte müssen gründlich gereinigt sein, es dürfen keinerlei überschüssige Reste von Spülmittel oder vom Klarspüler aus der Spülmaschine vorhanden sein. Der Gärtopf sollte am besten 24 Stunden vorher mit klarem Wasser eingeweicht werden und danach an der Luft getrocknet werden.

Gehobeltes Weißkraut

Mein Krauthobel

Großer und kleiner Stampfer, Strunkschneider

Natursalz

Das Salz

Der Gärungsprozess beim Gemüse kommt immer durch Zugabe von Salz in Gang. Die empfohlene Salzmenge beträgt 0,5 bis 1,5 Prozent. Das entspricht in etwa einem Esslöffel Salz auf einen Liter Wasser.

Das Salz deaktiviert die Enzyme, da diese sonst das Gemüse auflösen würden. Wenn man zum Beispiel bei Salzgurken zu wenig Salz verwendet, würden sie schnell weich werden.

SALZ SCHÜTZT GEMÜSE VOR DEM FAULEN.

Das Salz schützt das Gemüse auch vor dem Faulen, es wirkt konservierend. Hinreichend bekannt von Fisch und Fleisch (wie zum Beispiel Salzhering).

Mit der Zeit entwickelt man ein Gespür für die benötigte Menge Salz, aber es hängt natürlich auch vom jeweiligen Geschmack ab und davon, welche Haltbarkeitsdauer für das Fermentierungsgut vorgesehen ist.

Zu empfehlen ist reines Natursalz, ohne jegliche Zusatzstoffe.

Das Wasser

In Regionen, in denen aufbereitetes Wasser aus der Leitung kommt, muss das Leitungswasser wegen des Chlorgehalts zuerst abgekocht werden. Chlor vernichtet Bakterien, die notwendig sind. Durch das Abkochen verdampft das Chlor.

Verfügt man über Brunnenwasser oder sauberes, chlorfreies Leitungswasser, ist das Abkochen nicht notwendig. Auskunft darüber, ob und wie viel gechlort wird, erhält man von den Wasserwerken.

Hat das Fermentierungsgut, wenn es fertig ist, viel Saft aufgesaugt, kann mit abgekochtem Wasser nachgefüllt werden.

Die Gefäße

Dieses Kapitel betrachte ich als eines der wichtigsten für die Grundlagen des Fermentierens.

Wir können das beste Gemüse verwenden, das beste Salz und das reinste Wasser, der größte „Feind" ist aber der Sauerstoff.

Wenn sich kein Sauerstoff mehr im Gefäß befindet, können weder der „böse" Schimmelpilz noch die sogenannte Kahmhefe auf der Oberfläche wachsen.

Daher benötigt man Gefäße, die durch die einsetzende Gärung die Gase aus dem Gefäß entweichen lassen, aber keinen Sauerstoff wieder reinlassen. Ähnlich wie ein Ventil oder Gärspund.

Wer kennt das vielleicht noch? Früher ging die Oma in den Keller zum „Krautputzen".

Sie hat die obere, grau gewordene Schicht entfernt, bis das schöne, gelbliche Kraut zum Vorschein kam. Tuch, Brettchen und der Beschwerungsstein mussten jedes Mal gewaschen werden. Das graue Kraut war versetzt mit Kahmhefe, zwar nicht giftig, aber auch nicht wohlschmeckend. Schade darum, denn jedes Mal, wenn man so ein Kraut holte, musste man etwas davon wegwerfen.

Altertümlicher Gärtopf

Gärtopf mit Wasserrinne und Steinen

Wie auf dem Bild erkennbar, haben diese alten Töpfe keine Wasserrinne, die wie ein Gärspund arbeitet. Selbst mit vielen Kraut-

blättern, feuchten Lappen, Brettern und Steinen sind diese Steintöpfe nicht zu hundert Prozent dicht.

In meinem Garten habe ich noch drei dieser altertümlichen Töpfe, mit ihnen stelle ich aus Brennnessel- und Schachtelhalmbrühe einen guten Dünger für die Pflanzen her. Zu diesem Zweck sind diese Töpfe noch sehr gut zu verwenden.

Die Töpfe mit Wasserrinne werden in Asien bereits seit etwa 2000 Jahren verwendet. Bei uns traten sie erstmals vor circa hundert Jahren in Erscheinung.

Diese Wasserrinne entsteht oben, wo der Deckel auf den Gärtopf gesetzt wird. Die mit Wasser gefüllte Rinne ermöglicht das Entweichen von überschüssigen Gärgasen und verhindert das Eindringen von neuer Luft. Die Rinne darf also nicht austrocknen und muss regelmäßig kontrolliert werden.

Der Gärtopf ist in einem Erdkeller mit stets gleicher Temperatur am besten aufgehoben. Besonders wichtig für das Fermentierungsgut im Gärtopf ist eine konstant kühle Temperatur, denn wie in den Rezepten beschrieben, stellt man das Fermentierungsgut erst bei Zimmertemperatur warm, damit die Gärung einsetzt. Anschließend wird es zur Aromabildung kühl gestellt.

Schon in der Schule haben wir gelernt: „Wärme dehnt die Körper aus, Kälte zieht sie zusammen“.

Stellen wir den Gärtopf von der warmen Zimmertemperatur in den kühlen Erdkeller, wird der physikalische Prozess in Gang gesetzt. Das Fermentierungsgut zieht sich durch das Abkühlen zusammen und dadurch scheint das Wasser aus der Rinne zu verschwinden. Es ist aber nur in den inneren, nicht sichtbaren Teil der Rinne gesaugt worden. Ein Teil davon gelangt dann oftmals in das Fermentierungsgut. Dadurch wird der Topf immer voller.

Damit aber keine Luft in das Innere gelangt, müssen wir das Wasser in der Rinne nachfüllen.

Schwankt die Raumtemperatur, arbeitet die Wasserrinne wie eine „Pumpe“. So kann viel Wasser in das Innere gelangen. Hierbei besteht das Risiko, dass auch Sauerstoff in das Innere gelangt ist. Daher empfiehlt es sich, vorsorglich Salz mit in die Rinne zu geben. Dies verhindert auch, dass Insekten, die oft im Erdkeller leben, ihre Larven in die Rinne legen. Wer einmal am Meer war, weiß, dass Mücken in der Regel nicht im Salzwasser, sondern im Süßwasser laichen. Und gelangt doch Wasser in das Innere, handelt es sich wenigstens um das erwünschte, nämlich das gesalzene Wasser. In einem guten Erdkeller geschieht so etwas nicht, denn dort herrscht immer eine konstante Temperatur. In den Kellern unserer Neubauten ist es meist zu warm, die Temperatur schwankt oft um die fünfzehn Grad. Wir benötigen aber konstante Temperaturen unter zehn Grad.

Brennende Kerze zum Wiederverschließen

Gärtöpfe werden immer zu 4/5 gefüllt. Ist der Topf nur halb voll, schaffen es die Bakterien nicht mit ihren Gasen, die sie durch die Fermentierung entwickeln, den Sauerstoff vollständig aus dem Gefäß zu drücken. So „kippt" das Fermentierungsgut und wird ungenießbar. Daher ist es sehr wichtig, die Fermentier-Behältnisse *immer* mindestens zu 4/5 zu füllen.

FERMENTIERUNGSGUT SOLLTE IMMER MIT BLÄTTERN ABGEDECKT UND MIT STEINEN BESCHWERT WERDEN.

Das Fermentierungsgut sollte immer mit Blättern abgedeckt und mit Steinen beschwert werden, damit der Saft (beispielsweise der vom Sauerkraut) oben bleibt, genau wie die Gewürze. Beim Kauf von Gärtöpfen also immer aufpassen, dass die passenden Beschwerungssteine mitgeliefert werden. Hat man ältere Töpfe, so kann man solche Steine nachkaufen oder ein Holzbrett mit Naturstein benutzen. Es darf aber kein Nadelholz verwendet werden, da die darin vorkommenden Harze die Fermentierung beeinträchtigen können. Auch sollen keine Natursteine verwendet werden, die Kalk enthalten. Kalk tötet viele Mikroorganismen ab. Granit wäre eine Alternative. Am besten geeignet sind die geformten Beschwerungssteine. Nach dem Fermentieren die Steine nur mit Wasser abwaschen und trocken lagern.

Nimmt man etwas aus dem Gärtopf zum Verzehr, gelangt zwangsläufig Sauerstoff in den Topf. Da der Gärungsprozess abgeschlossen ist, können die Mikroorganismen nicht mehr so viele Gase entwickeln, um den nun vorhandenen Sauerstoff zu vertreiben. Stellen wir aber vor dem Wiederverschließen eine brennende Kerze oder ein Teelicht auf das übrige Fermentierungsgut, verbrennt die Flamme den restlichen Sauerstoff, und der Gärtopf ist wieder verschlossen.

Füllen Sie niemals den Inhalt von zum Beispiel Sauerkraut in kleinere Gläser, um es zu

Bereit zur Gärung

Starke und schwache Feder

Einmachgläser

lagern. Da ist der Sauerstoff nicht mehr zu eliminieren, selbst, wenn man die Gläser scheinbar zu hundert Prozent füllt. Das Fermentierungsgut würde verderben. Der Trick mit der Kerze ist die einfachste und beste Methode. Diese wende ich seit vielen Jahren erfolgreich an. Wer das Aluminium um die Teelichter nicht mag, dem rate ich zu Kerzen aus Bienenwachs. Teelichter sind praktischer als Kerzen, da sie nicht so leicht umfallen.

Was nicht für die Benutzung von Gärtöpfen spricht, ist deren Größe und folglich deren Lagerung, denn Erdkeller sind nicht mehr häufig vorhanden und im Kühlschrank sind sie kaum unterzubringen. Eine sehr gute Option sind die Bügelgläser. Ich verwende meist die ¾-Liter-Gläser. Diese brauchen im Kühlschrank nicht viel Platz. Auf eine Etage im Standardkühlschrank passen sogar zwölf solcher Gläser!

Manche verfügen über einen zweiten Kühlschrank, den man oft nur im Sommer benutzt, wenn viele Gäste kommen. Diesen kann man sehr gut im Keller als Fermentier-Kühlschrank benutzen. Dort verbraucht er auch nicht so viel Energie.

Im Gegensatz zum Erdkeller weist ein Kühlschrank viel weniger Luftfeuchtigkeit auf. Die Drahtbügel rosten im Kühlschrank fast nicht, im Erdkeller jedoch schon nach ein paar Tagen.

Wer sich zum Fermentieren neue Gläser anschaffen möchte, dem empfehle ich ausschließlich die Bügelgläser mit dem stabileren, dicken Draht und Dichtgummi aus Naturkautschuk, denn diese halten viel länger dicht als billige Vorratsgläser mit dünnem Draht und dünner Silikondichtung.

Fermentierung ist nicht nur eine Veredelung von Gemüse, sondern auch die nachhaltigste Haltbarmachung. Wenn es länger halten soll, damit sich die Aromen weiter entfalten können, müssen die Gläser dazu auch geeignet sein.

Beim Einmachen durch Einkochen erhitzen wir den Inhalt, und wenn wir die Gläser dann abkühlen lassen, zieht sich der Inhalt zusammen, und die Deckel verschließen sich durch dieses entstehende Vakuum. Dieser Vorgang ist bekannt vom Marmelade-Einkochen, dabei erfolgt das typische Klickgeräusch der Deckel, wenn es sie nach innen zieht.

Beschwerungsstein

Beim Fermentieren passiert aber das Gegenteil. Da kommt der Druck von innen! Also brauchen wir geeignete Gläser, die eine starke Feder haben, die den Deckel längere Zeit geschlossen halten können.

Gleichzeitig gibt die Feder dieser genialen Bügelgläser nach, sobald der Druck in den Gläsern zu hoch wird, verschließt sie aber sofort wieder, wenn der Druck nachlässt. Das funktioniert fast wie ein Gärspund. Und keine Sorge, die Gläser platzen nie, wenn sie nicht schon vorher beschädigt sind. Stellen Sie die Gläser immer auf einen Untersatz, wenn Sie sie einsäuern bei Zimmertemperatur. Es wird immer etwas Saft entweichen, was beweist, dass sowohl der höchste mögliche Druck schon erreicht ist als auch der Gärungsprozess bereits eingesetzt hat. Wenn Sie mehrere Gläser gleichzeitig einsäuern, ist ein „Balkonkasten-Untersatz“ empfehlenswert.

Die Bügelgläser mit dem schwächeren, dünneren Draht (Foto) sind geeignet als Vorratsgläser für Müsli, Nudeln und dergleichen.

Von Twist-Off-Gläsern rate ich ab, ebenso von den Einmachgläsern mit den kleinen Spangen (siehe Foto). Die Dichtungen in den Twist-Off-Deckeln sind extrem dünn und oftmals verbogen vom vorherigen Gebrauch. Die Einmachgläser haben schwache Klammern und eine viel dünnere Dichtung als die starken Bügelgläser. Benutzen kann man diese einfachen Gläser natürlich schon zum Fermentieren, doch sie sind nicht so gut zum längeren Lagern geeignet. Aber je länger gelagert wird, umso intensiver bilden sich die Aromen.

Wie bereits zuvor bei den Gärtöpfen erwähnt, sind Beschwerungssteine unverzichtbar und man kann die passenden Beschwerungssteine im Handel erwerben, auch für die Standardbügelgläser mit einer Öffnung von ungefähr acht Zentimetern. Allerdings habe ich noch keine für die so gern gesammelten „Gurkengläser“ gefunden. Der Beschwerungsstein ermöglicht es, das Fermentierungsgut dauerhaft unter der Oberfläche der Salzlake zu halten. Somit erreichen Sie eine vollständige Fermentation aller Pflanzenbestandteile in Ihrem Glas.

BESCHWERUNGS-STEINE SIND UNVERZICHTBAR.

Oftmals werden zum Beschweren des Fermentierungsguts auch mit Wasser gefüllte Plastiktütchen empfohlen. Machbar ist es sicher, doch auf diese Weise können die sogenannten Weichmacher in die Nahrung gelangen. Auch Twist-Off-Deckel und andere Schraubdeckel sind mit Silikon beschichtet.

Sind Metalldeckel nicht beschichtet, sollte man sicher sein, dass sich aus diesem rostfreien Metall kein Nickel lösen kann.

Gute Bügelgläser haben all diese Nachteile von vornherein nicht, sie sind kostengünstig

Dichtgummi

Glasbeschwerungssteine

> **FERMENTIERUNGSGUT MUSS IMMER DUNKEL LAGERN.**

und sehr lange und oft wiederzuverwenden. Die Dichtgummis können mit der Zeit porös werden, jedoch kann man sie problemlos nachkaufen, aber nehmen Sie die dickeren aus Kautschuk und nicht die dünnen aus Silikon.

Einer der größten Vorteile der Bügelgläser ist, dass sie „narrensicher" sind. Sind sie erstmal aufgefüllt und lagern im Kühlschrank, müssen Sie sich um nichts mehr kümmern. Es bedarf keiner Kontrolle der Wasserrinne, und kleinere Temperaturschwankungen fallen auch nicht ins Gewicht.

In Gläsern abgefülltes Fermentierungsgut muss dunkel lagern, auch das ist automatisch im Kühlschrank der Fall.

Von meinem Bruder Olaf, der nach Schweden ausgewandert ist, habe ich zwei Bücher über Fermentation geschenkt bekommen, die mich sehr inspiriert haben. Tolle Rezepte habe ich darin gefunden und mir wurde wieder bewusst, wie global doch das Fermentieren von Gemüse, aber auch von anderen Produkten, verbreitet ist. In einem dieser Bücher wird anhand von Fotos dargestellt, dass in normalen Plastikeimern fermentiert wird. Im Deckel der Eimer ist ein Gärspund installiert.

Auch im Standardwerk von Sandor Ellix Katz, des weltweit wohl prominentesten Fermentierers, – ein Buch, das derart leidenschaftlich und begeisternd geschrieben ist, dass man sofort nach der Lektüre mit dem Fermentieren beginnen will – ist vom Fermentieren in Plastikeimern mit einer darüber gebundenen Plastiktüte die Rede.

Natürlich funktioniert das. Aber warum mein Exkurs? Da die Weichmacher, die im Plastik enthalten sind, sich durch den Prozess der Fermentation lösen und so in die Nahrung gelangen können.

Daher bevorzuge ich die sichere Variante und benutze Gärtöpfe aus Keramik, Bügelgläser aus hochwertigem Glas und Dichtungen aus Kautschuk.

Nun wurden die Geräte, die Gefäße und der gesundheitliche Aspekt ausführlich beschrieben und dokumentiert. Erwähnenswert ist, dass die mit Milchsäure fermentierten Gemüsearten natürlich anders schmecken als bisher gewohnt. Essig ist eine andere Säure, sie schmeckt auch anders.

An den Geschmack der Milchsäure muss man sich langsam gewöhnen und hinsichtlich des gesundheitlichen Nutzens ist es auf jeden Fall lohnenswert. Also nicht gleich aufgeben nach den ersten Versuchen.

Zu den Rezepten

Bei den Rezepten müssen Sie sich nicht immer an jede Zutat und jedes Gramm halten. Es handelt sich hier um Grundideen, die je nach Geschmack variiert werden können. Wenn wir die richtigen Voraussetzungen geschaffen haben, dass die Gärung in Gang kommt und das Fermentierungsgut nicht zu schimmeln beginnt, sind die Rezepte eher zweitrangig. Sie machen auch nicht viel Arbeit, ein Bügelglas ist schnell gefüllt. Gegoren wird von selbst, hier ist vor allem Geduld gefragt. Es ist nur eine kleine aber seltene Auswahl von Rezepten, man könnte auch ein ganzes Regal füllen, so viel kann man fermentieren.

Kimchi

Das Kimchi stammt aus Korea und ist dort das Nationalgericht schlechthin. Kimchi wird auch als Koreanisches Sauerkraut bezeichnet. Aber es gibt in Korea weit über 200 verschiedene Kimchi, da auch dort viele andere Gemüsesorten fermentiert werden und nicht nur Kohl.

Kimchi wird im Unterschied zu Sauerkraut erst 24 Stunden in Salzlake eingelegt, anschließend wird das Salz wieder ausgewässert, bevor fermentiert wird. Das ursprüngliche Kimchi ist für unsere europäischen Mägen viel zu salzig und auch den meisten zu scharf.

Deshalb habe ich meine Kimchi-Rezepte entsprechend milder gestaltet. Auch erscheint mir das hochwertige und teure Natursalz zu schade, um es wieder „auszuwässern".

Gewürzt wird Kimchi meistens mit Ingwer, Knoblauch, Lauch, koreanischem Chili (Schärfegrad vier) und auch Fischsoße.

Rote Bete lassen sich hervorragend fermentieren.

Wann ist das Fermentierungsgut fertig?

Weiche Gemüsesorten wie Tomaten, Gurken, Auberginen, Zucchini, Paprika etc. benötigen nicht viel Zeit, etwa vierzehn Tage.

Wurzelgemüse wie Rote Bete, Kohlrüben, Sellerie, Gelbe Rüben etc. benötigen mehr Zeit.

Für Sauerkraut planen Sie mindestens sechs bis acht Wochen ein.

Wichtiger Tipp

Bei der Fermentation von weichen Gemüsesorten empfiehlt es sich, ein Stück Meerrettich ins Glas zu geben.

Dieser hat viel Gerbsäure, die er beim Gärungsprozess abgibt und dadurch wird das Fermentierungsgut nicht so weich und schlabbrig. Eine Scheibe von einer dicken Wurzel auf dem Glasboden genügt.

Haben Sie selbst Meerrettich im Garten mit nur dünneren Wurzeln, schneiden Sie die Wurzeln der Länge nach auf, damit die Gerbsäure auch austreten kann.

Gerbsäure enthalten unter anderem aber auch Lorbeerblätter und die Blätter der Wild- und Sauerkirsche. Diese lassen sich ebenfalls gut verwenden.

Diesen Tipp bekam ich von einer weisen Dame, die aus Rumänien stammt. In Rumänien gehört das Fermentieren bei der Landbevölkerung noch zum Alltag. An dieser Stelle möchte ich Hedda meinen Dank aussprechen.

Lorbeerblätter

Kleiner selbstgebauter Erdkeller

Bio-Gemüse

Wer fermentieren möchte, aber über keinen eigenen Gemüsegarten verfügt, sollte beim Kauf genau darauf achten, woher das Gemüse stammt, wie es angebaut und vor allem gelagert wurde.

Denn auch wenn Bio draufsteht, muss die Frage gestellt werden, um welches Bio-Siegel es sich handelt. Momentan (während der Verfassung dieses Buches) gibt es innerhalb der EU vierundsechzig verschiedene Bio-Verbände. Wer was erlaubt oder verbietet, kann beim jeweiligen Verband im Internet nachgelesen werden.

Häufig wird Bioware, die man in den Discountern kaufen kann, oft lange bei Temperaturen um ein Grad gelagert und leider auch begast.

Das Gas dringt hierbei in das Gemüse ein, folglich sterben auch die Milchsäurebakterien weitgehend ab und mit solchem Gemüse kann eine natürliche Gärung nicht mehr stattfinden.

Dafür brauchen wir dann Starterkulturen. Bei EM- Beratern (EM = Effektive Mikroorganismen) kann man solche Milchsäure-Starterkulturen beziehen, alternativ funktioniert auch Molke aus dem Bioladen.

Sollten Sie noch über restliche Gärflüssigkeit von anderen Gemüsefermentationen verfügen, können Sie auch diese zusetzen.

Meine Präferenz liegt klar auf den natürlichen Milchsäurebakterien, die sich auf dem Gemüse befinden.

Haltbarkeit des Fermentierungsguts

Vieles hält sich mehrere Monate oder sogar Jahre. Zeit schafft Aroma, vieles wird besser, wenn es länger lagert, vorausgesetzt, man hat die entsprechenden Gefäße benutzt und für eine gleichmäßige Lagertemperatur gesorgt.

Öffnen Sie nicht zu viele Gläser auf einmal. Selbst habe ich selten mehr als drei Bügelgläser angebrochen, denn nach dem Öffnen ist das Fermentierungsgut auch im Kühlschrank nicht lange haltbar.

Frischer Meerettich sorgt für bissfestes Fermentiergut.

Rezepte

SAG MIR WAS – ICH VERGESSE

ZEIG MIR WAS – ICH ERINNERE MICH

LASS ES MICH TUN – ICH HAB ES IN MIR

EINE CHINESISCHE WEISHEIT

Das Sauerkraut

Beginnen wir ganz klassisch mit dem bekanntesten Fermentierungsgut. Auch ich habe mit Sauerkraut angefangen.

Mittlerweile mache ich ein sehr mildes Sauerkraut, denn die Erfahrung hat gezeigt, dass die milde Variante zum einen bevorzugt wird, zum anderen säuert es mit der Zeit noch nach.

Vorgehensweise:

Vor dem Stampfen wird zuerst das Kraut gesalzen, anschließend lässt man es ähnlich wie den Rettich etwas ziehen, dass es schon etwas „ausweinen" kann. Danach geht das Stampfen in der halben Zeit.

Sauerkraut im 3-Liter-Glas

Ich empfehle, das gehobelte Kraut immer außerhalb vom Gärtopf zu stampfen und es dann fertig gestampft in den Gärtopf zu schichten. Das hat den Vorteil, dass die Apfelscheiben, die ich dazu gebe, ganz bleiben. Legen Sie circa alle sieben Zentimeter eine Schicht der süßen Apfelscheiben auf das Kraut, dadurch wird es milder.

Die Strünke sollte man ausschneiden, sie wären zu „holzig“, wenn man sie mitschneidet. Aber nicht wegwerfen, sie haben ein sehr intensives Aroma und lassen ebenfalls das Kraut milder werden.

Gestampftes Kraut einrichten

Apfelscheiben dazugeben und weiter füllen

Zutaten für einen 10-Liter-Gärtopf:

8 kg geputztes und gehobeltes Weißkraut

3 EL Wacholderbeeren

1 ½ EL Kümmel (gemahlen)

3 bis 4 süße Äpfel

80 g bis 120 g Salz

Für ein 3-Liter-Glas:

2,5 kg geputztes und gehobeltes Weißkraut

1 EL Wacholderbeeren

½ EL Kümmel (gemahlen)

1 süßer Apfel

30 g bis 50 g Salz

Mit Blättern zudecken

Deshalb die Strünke mit etwas Wasser in den Mixer geben und pürieren.

Dieses Püree dem Kraut schon beim Einstampfen beimischen sowie die Gewürze, den gemahlenen Kümmel und die ganzen Wacholderbeeren. Diese Komponenten machen das Kraut leichter verdaulich. Der Kümmel ist gemahlen empfehlenswerter, da dessen Kerne oftmals unangenehm zum Kauen sind.

Den fertig gefüllten und verschlossenen Gärtopf lasse ich nur so lange bei Raumtemperatur stehen, bis sich die ersten Blasen in der Wasserrinne bilden („Blubbern"). Daraufhin wird er sofort in den Erdkeller gestellt. Dadurch säuert es nicht so lange, was auch die Milde des Krauts beeinflusst.

Es dauert einige Stunden, bis das ganze Kraut im Erdkeller „abkühlt". So säuert es sowieso noch einige Stunden weiter, wird dann aber langfristig nicht so sauer. Probieren Sie das doch mal aus.

Wer keinen Erdkeller hat und auf den Kühlschrank angewiesen ist, kann das Kraut auf die gleiche Weise in einem Drei-Liter-Bügel-

Mit Steinen zudecken und mit Salzwasser aufgießen

Fertig für den Erdkeller

glas herstellen. In den Kühlschrank passen in der Regel zwei solcher Gläser, wenn man einen Boden verstellt. So hat man auch in einem kleinen Haushalt über den Winter sein eigenes Kraut.

Egal, ob Gärtopf oder Drei-Liter-Glas, das Kraut muss mit einem Kohlblatt bedeckt und anschließend beschwert werden. Darüber hinaus muss das Kraut komplett bis über die Beschwerungssteine mit Saft aufgefüllt sein. Reicht der ausgestampfte Saft nicht aus, können Sie Salzwasser, lieblichen Weißwein oder einen guten Apfelsaft nehmen und das gestampfte Kraut damit auffüllen. Apfelsaft oder lieblicher Weißwein verleihen dem Kraut auch wieder eine milde Note.

Das Salzwasser mit circa 1,5 Prozent Salz entspricht etwa einem Esslöffel Salz auf einen Liter Wasser. Dies gilt für jedes Fermentierungsgut.

Beim Kauf von fertig geschnittenem Kraut nehmen Sie die Strünke mit und denken Sie an die ganzen Kohlblätter zum Abdecken. Auch Wirsingblätter eignen sich hervorragend zum Abdecken, da sie sehr elastisch sind und nicht brechen, wenn man sie flach auf das Kraut legt.

Lassen Sie das Kraut einen Tag bei Zimmertemperatur gären, stellen Sie es anschließend für sechs bis acht Wochen kühl, befüllen Sie den Gärtopf zu 4/5, das Bügelglas dagegen darf etwas voller werden.

Wirsingblätter zum Abdecken

Ganze Krautköpfe

Mut zum Experimentieren

Wie ich auf folgende Idee gekommen bin, erklärt diese kleine Anekdote: Nebenbei bin ich Jugendtrainer im örtlichen Fußballverein.

Dort erfuhr Edi, Papa von einem meiner Fußballkinder, dass ich Sauerkraut mache. Ob er etwas haben könne, fragte er und selbstverständlich war ich einverstanden. Seine Frau und seine Mutter holten es ab.

Die Mutter, aus Rumänien stammend, stellte erstaunt fest, dass mein Kraut geschnitten sei. In Osteuropa fermentiert man vorwiegend ganze Krautköpfe.

Nachdem ich mich ausgiebig erkundigt habe, legte ich im folgenden Jahr auch ganze Köpfe zum Fermentieren ein. Dies funktioniert natürlich nicht in einem Glas, sondern nur in einem Gärtopf mit einem Fassungsvermögen ab circa fünfzehn Liter. In Osteuropa legt man die Köpfe in Salzwasser und lässt dieses Wasser alle paar Tage ab, um es danach gleich wieder einzufüllen.

Das war mir zu viel Aufwand. Bei der Gärung im Glas kann man bei Tomaten, Gurken, Auberginen, Paprika etc. eine starke Blasenbildung beobachten.

Also kam ich nun auf die Idee, die Zwischenräume, die beim Füllen mit ganzen Krautköpfen erwartungsgemäß entstehen, mit Tomaten, Gurken, Auberginen, Paprika etc. zu füllen. Die starke Gärung und die Blasenbildung des Füllgemüses lassen den Gärsaft zusätzlich zirkulieren und somit das Aroma verbessern.

Diese Idee setzte ich dann um und brachte das Jahr darauf die auf diese Weise fermentierten Krautköpfe der Mutter von Edi. Nachdem sie von der Gärflüssigkeit probiert hatte, sprach sie mir ihr Lob aus. Über so ein Kompliment von jemandem, in dessen Heimat das Fermentieren verschiedener Gemüsesorten noch Alltag ist, habe ich mich natürlich sehr gefreut. Daher möchte ich Edi meinen Dank aussprechen.

Ich schichte die ganzen Köpfe in den Gärtopf und fülle die Zwischenräume mit Gurken, Auberginen, Paprika etc., was gerade an Gemüse vorrätig ist, auf. Das Gemüse sollte in etwa viermal vier Zentimeter große Stücke zurechtgeschnitten sein.

Das gibt dem Kraut ein herrliches Aroma und muss auf diese Weise nicht alle paar Tage umgefüllt werden.

Als ganze Köpfe ist das lockere Tellerkraut oder auch Ur-Kraut genannt, am besten geeignet. Die Krautblätter liegen locker beieinander, so dass der Gärsaft besser eindringen kann.

Die Strünke muss man vorher ausschneiden, damit der Gärsaft besser zwischen die Blätter gelangen kann. Aber werfen Sie den Strunk nicht weg, sondern mixen Sie diesen und geben Sie ihn später mit dem Salzwasser dazu. Ein Strunkschneider ist dabei eine gute Hilfe.

Die Leerräume gut füllen und etwas andrücken. Achten Sie darauf, dass der Gärtopf zu ⁴⁄₅ gefüllt ist, und die obere Lage fast eben ist, damit Sie das Ganze mit einigen Kohlblättern auch gut abdecken können.

Legen Sie nun die Beschwerungssteine ein und füllen Sie den Gärtopf mit Salzwasser bis circa zwei Zentimeter über den Steinen auf.

Das Salzwasser bereiten Sie wie üblich mit einem Esslöffel Salz auf einen Liter Wasser zu.

Warum ganze Köpfe fermentieren?

Mit den Blättern, die sich leicht vom fermentierten Krautkopf lösen lassen, kann man köstliche Kohlrouladen oder auch andere Füllungen zubereiten.

Dadurch, dass die Kohlblätter nicht, wie zumeist üblich, roh sind, erhält dieses Gericht ein sehr interessantes Aroma.

Ein weiterer Vorteil besteht darin, dass Sie so das ganze Jahr über Kohlblätter zur Verfügung haben.

Hirserouladen fertig angerichtet

Hirserouladen

mit fermentierten Kohlblättern und Gemüse

Zutaten für 4 Personen:
Hirsefüllung:

Circa 600 g kleine Tomaten

2 bis 3 Scheiben frischen Meerrettich

fein geschnittenen Knoblauch

1 TL fein geriebenen Ingwer

1 EL Salz

250 g Hirse

700 ml Wasser

70 g Cashewmus

50 g getrocknete Tomaten

Gemüsefüllung:
3 Karotten

½ rote und ½ gelbe Paprika

3 EL Olivenöl

1 ½ EL Reissirup, Ahornsirup etc.

Salz und Pfeffer

Hirsefüllung:

Die Hirse waschen und etwa fünfzehn Minuten nur köcheln. Das Cashewmus und die klein gehackten, getrockneten Tomaten mit der Hirse mischen und mit Salz abschmecken.

Gemüsefüllung:

Schneiden Sie Karotten und Paprika in dünne Streifen und braten Sie das Gemüse in Olivenöl an, so dass es aber bissfest bleibt. Je nach Geschmack können Sie es mit Sirup, Salz und Pfeffer würzen.

Die fermentierten Kohlblätter auslegen, die Hirsefüllung auf die Blätter verteilen, etwas Gemüse dazulegen und einrollen.
Die Rouladen nun in einer Pfanne anbräunen, in eine Auflaufform geben und im Backofen bei hundert Grad erwärmen.
Dazu passt sehr gut eine Pilzsoße.

Blatt mit Füllung

fertig gerollt

Sauerkrautbrot

mit fermentierten Karotten und Keimsprossen

Zutaten für eine Füllung von einem Dörrapparat mit 9 Schubladen:

70 g Sesam schwarz (ankeimen)

100 g Sesam hell (ankeimen)

Beides bleibt als ganzes Korn im Brot.

250 g Sonnenblumenkerne (ankeimen)

100 g Leinsaat braun (ankeimen)

100 g Buchweizen (ankeimen)

2 bis 2,5 kg Sauerkraut (das Sauerkraut ausdrücken. Den Saft zum Mixen der Saaten verwenden).

1,5 kg fein geraspelte Karotten, wenn vorhanden, fermentiert

Etwas Salz und Kräuterpfeffer

Die angekeimten Saaten werden alle zusammen mit dem Sauerkrautsaft im Mixer püriert. Wenn nötig, Wasser dazugeben.
Mischen Sie alles zusammen: gemixte Saaten, ganzer Sesam, Sauerkraut und Karotten, anschließend mit Salz und Kräuterpfeffer abschmecken.

Wenn die Konsistenz zu flüssig ist, mit Flohsamenschalen etwas binden.
Aber Vorsicht, Flohsamenschalen quellen stark nach, also kleine Mengen langsam hinzufügen!

Anschließend gut durchkneten, Masse auf die Trockenbleche geben und circa einen halben Zentimeter dick aufstreichen. Ungefähr zwölf bis fünfzehn Stunden im Dörrautomat trocknen lassen.

Diese Kräcker sind immer ein Renner bei meinen Seminaren.

fertiges Sauerkrautbrot

Sauerteig

Sauerteig kann man beim Bäcker erhalten oder auch im Laden kaufen. Er ist aber nicht sehr schwierig, seinen eigenen Sauerteig herzustellen.

Die Säuerung des Teiges ist ein aktiver Prozess, bei dem die Stärke im Getreide teilweise abgebaut wird, Aromastoffe sich bilden und die Nährstoffe des Getreides dem Körper leichter zugänglich gemacht werden. Die längere Gehzeit des Teiges baut schwer verdauliche Zucker ab und mindert daher auch die Blähungen.

Die Zeit, die wir dem Teig geben, entlastet somit den Körper bei der Verdauungstätigkeit, da das Roggenbrot ansonsten schwerer verdaulich ist als andere Brotsorten.

Sauerteig selber herstellen

Zur Herstellung von Roggensauerteig nehme ich Roggenvollkornmehl, da es mehr Bakterien enthält als Auszugsmehle.

Ich mische im Verhältnis 1:1 Mehl und Wasser zusammen.

50 g Vollkorn Roggenmehl und
50 g lauwarmes Wasser.

Mit einem Tuch zudecken und an einem warmen Ort bei idealerweise 25° stehen lassen. Jeden Tag wieder im Verhältnis 1:1 Wasser und Vollkornmehl dazugeben. Nach 3 bis 5 Tagen beginnt der Sauerteig zu Gären. Kann im Winter etwas länger dauern, will nicht so viele Bakterien in der Luft sind als im Sommer.

Bevor man die Menge, die man braucht, erreicht hat, eine gewisse Menge vom Sauerteig in ein Glas geben, nur zur Hälfte füllen (kann sonst überlaufen) und in den Kühlschrank stellen. So hat man für den nächsten Backtag einen fertigen Sauerteig-Starter.

Hält im Kühlschrank leicht 4 Wochen. Wenn man das regelmäßig macht, siedeln sich immer mehr verschiedene Mikroorganismen an und der Sauerteig wird immer besser.

Sauerteigansatz

Hefe selber machen

Um Hefe selber zu machen, brauchen wir drei Zutaten für ein ¾-Liter-Bügelglas:

700 ml lauwarmes Wasser

3 getrocknete Datteln und Feigen

2 EL Zucker

Die Datteln und Feigen dürfen nicht geschwefelt sein, sonst kommt die Fermentierung nicht in Gang! Wenn auf der Verpackung steht: „enthält Sulfite", sind sie ebenfalls ungeeignet

Ich schreibe das Buch gerade in der Zeit der Corona-Pandemie. In dieser Zeit war es anfangs sehr schwierig, Toilettenpapier zu kaufen. Was es aber jetzt im Sommer immer noch kaum zu kaufen gibt, ist Trockenhefe, die man ja länger aufbewahren kann.

Ob frische Hefe oder Trockenhefe; beide Hefen sind, egal ob aus dem Supermarkt oder Bioladen, industriell gefertigt.

Hefe kann man aber auch selber herstellen. Es ist dann eine so genannte Wilde Hefe. Die geht genauso für Pizzateig, Kuchen oder Weißbrot.

Bei der Hefe handelt es sich um Mikroorganismen. Diese zersetzen bestimmte Nährstoffe wie Zucker in Kohlenstoffdioxid und Alkohol. Hefen sind also lebende Organismen.

So geht's:

Lauwarmes Wasser in das Bügelglas geben, Zucker dazu und den Zucker auflösen.
Datteln und Feigen (getrocknete Aprikosen gehen auch) dazugeben und das Bügelglas fest verschließen.
Auf einen Untersetzer stellen und warm stellen. 25 bis 30 Grad sind ideal.
Täglich das Glas etwas schütteln, aber nicht öffnen, damit kein Sauerstoff in das Glas gelangt und das Ganze schimmelt.
Nach ca. 1 Woche setzt sich am Boden ein Sediment ab, das ist dann die Hefe. Kann auch länger dauern, feste Zeitangaben kann man dabei nicht machen.

Hefe

Kwass

(Brottrunk)

Der Kwass, zu Deutsch „Säure“, wurde zum ersten Mal in einer Klosterschrift des Heiligen Wladimir genannt, aber als Getränk ist es bedeutend älter, denn Getränke ähnlicher Art waren früher überall in der Alten Welt verbreitet.
Die Grundlage ist ein Brot aus Sauerteig, gebacken am besten aus Roggen, Dinkel und Hafer. Ein genaues Rezept für Kwass findet man nicht. Denn zur Kwass-Herstellung nahm man einfach nur die Produkte, welche man zur Verfügung hatte:
Altes Sauerteig-Brot, auch geröstet, Weizen, Buchweizen, Roggen, Gerste, oft auch gemälzt und gekeimt, ebenfalls einige Früchte sowie Wurzelgemüse wie zum Beispiel Rote Bete und Mohrrüben und verschiedene Gewürze, vor allem Pfefferminze.

So bereiten Sie es vor:

Brot in Scheiben schneiden und im Ofen etwas rösten. Mit zwei Liter kochendem Salzwasser aufgießen, dann abkühlen lassen. Anschließend die Früchte und die anderen Zutaten dazugeben und mit Wasser (ohne Salz) auffüllen. Hierfür eignet sich ein Mostfass mit zwölf Litern sehr gut. Das ergibt dann circa zehn Liter Kwass, dieser passt genau in die Flaschen von einem leeren Bierträger mit Bügelflaschen.
Nun füllen Sie das Mostfass bis zwei Fingerbreit auf, verschließen es und setzen einen Gärspund auf, damit kein Sauerstoff mehr in das Fass kommt.
Alles zusammen circa vierzehn Tage bei Zimmertemperatur gären lassen, dann mindestens zwei Monate kalt stellen (unter zehn Grad).

Kwass-Zutaten

Kwass im 30-l-Gärfass

Geben Sie noch fünf bis acht Rosinen in jede Flasche. Sie können auch Honig nehmen, dann wird der Kwass spritzig.
Wieder etwa einen Monat kalt stellen.
Zeit schafft Aroma!

Danach mit einem Sieb mit Leintuch absei-hen/filtern und in Flaschen abfüllen. Die Flaschen bis auf einen Zentimeter vollfüllen.

Da der Kwass sehr lange braucht, mache ich meistens eine größere Menge davon, meist 30 Liter in einem Mostfass.

Ginger Beer mit
Ginger Bug

Ingwerbier

(Ginger Beer)

Für Ingwer-„Bier" gibt es viele unterschiedliche Rezepte.
Viele stellen erst einen Starter her, einen Ingwer-Bug. Dementsprechend fermentiert ist das dann auch ein Bier, weil der Alkoholgehalt bei dieser Zubereitungsart über zehn Prozent erreichen kann.

Bei meiner Rezeptur kann man eigentlich nicht von Bier sprechen, da der Alkoholgehalt mehr als gering ist. Die Bezeichnung Ingwer-Limonade entspricht eher meiner Rezeptur.

Über die gesundheitlichen Vorteile von Ingwer werde ich an dieser Stelle nichts mehr schreiben, da es dazu schon viele Veröffentlichungen gibt, wie zum Beispiel von Herrn Schuhbeck.

Täglich ein Gläschen davon und man bekommt wahrscheinlich keine Grippe oder eine andere Viruserkrankung.

Die Methode, das Ingwerbier herzustellen, ist sehr einfach und vom gesundheitlichen Aspekt wertvoll, da bei dem Herstellungsprozess nichts erhitzt wird und das Ergebnis, wie bereits erwähnt, sehr wenig Alkohol beinhaltet. Den Alkoholgehalt kann man selbst bestimmen, schon allein dadurch, wie lange man es gären lässt.

Das fertige Ingwerbier verdünne ich übrigens mit Wasser, so lässt es sich gut als Alltagsgetränk verwenden.

Fertiges Ingwerbier

Für ein 3-Liter-Gefäß verwende ich folgende Zutaten:

300 g frischen Bio-Ingwer

300 g Rohrohrzucker (oder auch guten Honig)

3 l Wasser

Saft einer Bio-Zitrone

Ingwer im Ballon

Gärballon mit schmalem Hals

Und so bereiten Sie das Getränk zu:

Den Ingwer fein reiben, oder mit einem Mixer zerkleinern. Den Rohrohrzucker im Wasser auflösen. Den zerkleinerten Ingwer mit dem Wasser in das Gefäß geben, dazu den Zitronensaft.

Das Gefäß verschließen und eine Woche bei Zimmertemperatur stehen lassen.
Das Gefäß nicht zu voll machen, sonst schäumt es über. Etwa zu ⅘ füllen.

Nach einer Woche abseihen und in Flaschen füllen.
Die Flaschen ganz voll machen. Bügelflaschen sind ideal.
Hält sich im Kühlschrank mehrere Wochen.

Ideal ist ein Gärballon. Die gibt es sowohl mit einem dünnen Hals als aber auch mit einer großen Öffnung, die sich leichter reinigen lässt. Dieser Aspekt ist bei einer Neuanschaffung unbedingt zu beachten.

Hat man zu Hause noch einen Gärballon mit dünnem Hals, lässt sich dieser mit einer Handvoll Straßensplitt (gewaschen) gut reinigen.
Den Splitt einfüllen, Wasser dazugeben, dann den Ballon gut zuhalten und fest kreisen lassen, damit der Splitt die Ablagerungen abschleifen kann.
Eine Alternative zum Splitt wäre auch Gebissreiniger, doch da fehlen mir die Erfahrungswerte.

Auf dem Foto sehen Sie einen Gärballon mit schmalem Hals. Dieser ist schwer zu reinigen, aber günstig auf dem Flohmarkt zu erstehen.

Seit mir ein Gärspund (eine Form eines Gärverschlusses) aus dünnem Glas in der Hand zerbrochen ist, und ich mir dabei die Hand zerschnitten habe, bevorzuge ich die aus Plastik.

Brennnessel-„Sekt"

Brennnessel angesetzt

Für zehn Liter benötigen Sie:

10 l Wasser

Circa 40 – 50 Brennnessel-Spitzen

2 Zitronen

500 g Rohrohrzucker

Für zehn Liter Wasser benötigen Sie reichlich Brennnessel-Spitzen, damit sind die oberen sechs Blätter gemeint.
Die Brennnesseln in ein Zwölf-Liter-Mostfass geben, mit dem Wasser auffüllen, dann verschließen und den Gärspund einsetzen. Anschließend bei Zimmertemperatur 24 Stunden stehen lassen. Brennnesseln gären sehr schnell und heftig. Danach abseihen und wieder in das Gärfass geben.
500 Gramm Rohrohrzucker dazugeben und vermischen, bis sich der Zucker aufgelöst hat. Den Saft von zwei Zitronen dazugeben, das Fass fest verschließen, den Gärspund aufsetzen und eine Woche bei Zimmertemperatur fermentieren lassen.
Nach circa einer Woche alles in Bügel-Flaschen abfüllen und für mindestens zwei Wochen kalt stellen. Die Flaschen bis an den Rand befüllen, damit wenig Sauerstoff in der Flasche bleibt. Die Haltbarkeit beträgt mindestens vier bis sechs Wochen, oftmals auch länger. Bitte vorsichtig öffnen, denn es bilden sich Kohlensäure und auch Alkohol!
Das Ganze funktioniert auch sehr gut mit Wermut.
Als Geschmacksvariationen bieten sich auch folgende Kräuter an: einige Minzblätter, Zitronenmelisse etc. zum Fermentieren dazugeben.
Bitterstoffe erhält man, wenn man Gundelrebe (Gundermann) mit fermentieren lässt.

Die zehn Liter passen genau in einen Bierträger mit zwanzig Bügelflaschen.

Dieser „Sekt" kann je nach dem, wie viel Zucker man zusetzt oder wie lange man ihn gären lässt, zwischen fünf und elf Prozent Alkoholgehalt erreichen.

Die Milchsäurebakterien lieben Zucker, und durch diese Vorverdauung wandeln sie ihn in Alkohol um.

Zitronenmelisse zur Geschmacksvariation

Beeren-Most

Küchenmaschine mit Beerenpresse

Beeren, wie auf dem Bild Johannisbeeren, lassen sich auf verschiedene Weise entsaften. Durch Dampf und Pasteurisieren verliert der gute Saft aber viel an Vitaminen und Mineralstoffen.
Wenn man ihn kalt presst, bleibt viel von diesen Wertstoffen aber erhalten.
Zum Pressen leistet eine Beerenpresse sehr gute Dienste. Die gibt es mit Handkurbel oder als Aufsatz für eine Küchenmaschine.

Für den gepressten Saft brauchen wir ca. 100 Gramm Zucker für einen Liter Saft. Den Zucker verarbeiten die Bakterien fast vollständig.

Den gepressten Saft in einen Gärbehälter geben, Zucker dazu und den Zucker durch Schütteln auflösen.

Der Gärbehälter muss zu ⅘ gefüllt sein. Gärspund aufsetzen und auf einen Untersetzer stellen, falls der Most zu viel Schaum entwickelt. Bei Zimmertemperatur gären lassen, er braucht etwa 4 bis 6 Wochen.
Der Most ist fertig, wenn er nicht mehr gärt (am Gärspund leicht zu sehen).
Später in Flaschen abfüllen und kalt aufbewahren. Hält mindestens ein Jahr.

Wilder Apfelmost

Über Apfelmost sind viele Anleitungen geschrieben worden. Da gibt es sehr viele „Spezialisten“, die bestimmte Hefen zusetzen, mit Schwefel bleichen und vieles andere.

Ich liebe aber die ganz einfache, die „wilde“, man kann auch sagen die ganz natürliche Arbeitsweise, ganz ohne irgendwelche Zusätze.

Und wenn man seinen Most nicht schwefelt, kann man auch leichter Essig daraus machen.

Ich presse meine Gartenäpfel zu Saft oder lasse das von einer Lohnmosterei machen. Auch Gartenbauvereine bieten das an. Dann den Saft aber nicht pasteurisieren lassen, sonst gärt er nicht mehr.

Ich fülle den rohen Saft in ein Gärfass, dabei mache ich es fast voll, ca. ⁴⁄₅.

Dann ca. 14 Tage warm stellen. Der Saft muss gleich in den ersten Tagen aufschäumen. Nach 2 Wochen kommt er dann bei gleichmäßiger Temperatur in den Erdkeller. Nach 3 Monaten kann man schon mal probieren. Er enthält höchstens 6 bis 8 % Alkohol. Je mehr Prozente, umso länger ist er haltbar.
Gärspund aufsetzen nicht vergessen, sonst kommt Schimmel in den Most.

Fertiger Apelmost

Apfel-Essig

Jetzt haben wir vielleicht unseren ersten Most gemacht, so können wir auch einen wunderbaren Essig daraus machen, wenn wir den Most nicht geschwefelt haben.

Essig machen ist gar nicht so schwer.

Man kann den Most im Fass lassen oder in ein kleineres umfüllen, wir brauchen wieder einen Füllstand von ⅘ , damit nicht zuviel Sauerstoff in das Fass kommt.

Obwohl der Essig etwas Sauerstoff braucht, so mus der Gärspund weg, und wir dichten das Spundloch mit etwas Stoff ab (Foto). Der Essig muss etwas atmen können.

Vorher müssen wir natürlich etwas Essigmutter dazugeben, damit sich die Mikroorganismen vermehren können.

So eine Essigmutter kann auch von selber entstehen, sie beginnt als feiner Schleim, wenn man den Most länger stehen lässt und er Luft bekommen hat.

Diese Tipps hab ich von Herbert, danke fürs Weiterhelfen.

Essigfass mit Stoff oder Watte etc. verschlossen.

Essigmutter

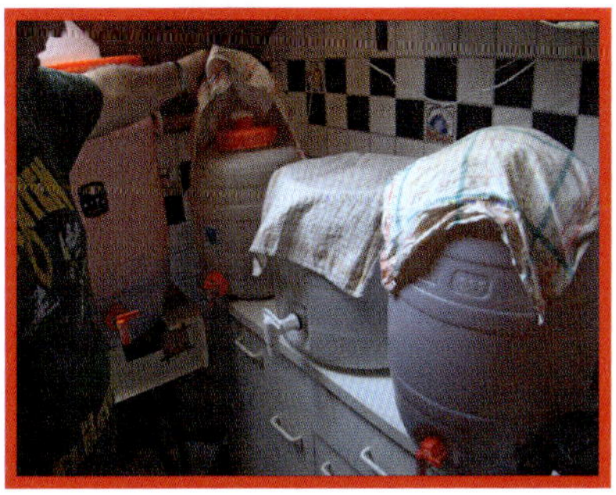

Sauerhonig

Oximel

Haben wir Most und daraus einen guten, natürlichen, unerhitzten Essig gemacht, lässt sich daraus ein sehr alt bekanntes Stärkungsmittel machen.

Sauerhonig ist unseren Vorfahren schon sehr lange als „Medikament“ oder „Lebenselixier“ bekannt und in Gebrauch gewesen. Man trank fast täglich ein Schluck davon.

In Osteuropa ist es noch immer ein beliebter Trunk am morgen.

So mach ich ihn schon viele Jahre:

Den unerhitzten Essig mit gutem, natürlichen Honig vermischen.
2 Teile Essig und 6 Teile Honig.

Den ganzen Sommer über gebe ich Kräuter dazu wie:

Spitzwegerich, Fichtenspitzen, Lavendel, Salbei, Sanddorn, Hopfenblüten, Hollunderblüten etc.

Bei Zimmertemperatur ohne Sonneneinstrahlung stehen lassen und ab und zu mal schütteln. Im Herbst ist er fertig. Das Glas mit den Kräutern über ein Sieb stülpen und abseihen. Fertig in Flaschen etc. abfüllen. Wer sich mit Kräutern nur wenig auskennt, sollte mal eine Kräuterwanderung mitmachen. Lohnt sich!

Selbstgemacht
Oxymel

Milch-Kefir

Kefir ist ein Sauermilchprodukt mit wenig Kohlensäure und Alkohol, das ursprünglich aus dem Kaukasus stammt. Er wird oft als das Getränk der 100-Jährigen bezeichnet.

Industriell hergestellter und im Handel angebotener Kefir entspricht leider nicht dem traditionell mit Kefirknollen hergestellten Getränk.
Damit der Kefir immer gleich schmeckt, wird industriell mit einer Mischung verschiedener Bakterien und Hefen gearbeitet, die aber die originale Zusammensetzung der Mikroorganismen von Kefirkörnern nicht vollständig nachahmen können.
Also: selbermachen!

Die Kefir-Knolle gibt's im Handel oder auch bei Freunden gratis.

Die Menge auf dem Bild, ca. 20 Gramm, reicht für ½ Liter Milch. Wenn man frische Kuhmilch verwendet, muss man sie vorher erhitzen, da zu viele Bakterienstämme in roher Milch sind und sich dann die Mikroorganismen von der Kefirknolle nicht durchsetzen können.

Die Knollen in ein Glas geben, da geht auch ein gebrauchtes „Gurkenglas", Milch darübergießen und kühl stellen. Der Kefir ist fertig nach 2 bis 4 Tagen, je nach Temperatur und wie säuerlich man in haben will.

Den Kefir nach der Gärzeit absieben und die Knollen vorsichtig mit frischem Wasser abspülen.

Dann wieder neu ansetzen.

Den abgefilterten Kefir bald verbrauchen, er hält ca. 2 bis 3 Tage im Kühlschrank.

Die Knollen werden sich vermehren, und man kann sie an Freunde weitergeben.

Zutaten für Kefir

Der Kefir ist nach 2 bis 4 Tagen fertig.

Vorsicht:

Metall kann dem Kefir ernsthaft schaden, benutzen Sie deshalb ausschließlich Plastiksiebe und -löffel.

Wasser-Kefir

Japankristalle sind im Internet oder auch bei Freunden erhältlich.

Japankristalle

Wir brauchen für ein 1-Liter-Bügelglas oder eine 1-Liter-Flasche:

1 Liter Wasser

30 g Wasserkefirkristalle

60 g Rohrohrzucker

2 Scheiben Zitrone (Bio)

ca. 40 g ungeschwefelte Trockenfrüchte (Datteln, Feigen, Aprikosen etc.)

Wie alles, was wir fermentieren, entsteht auch der Wasserkefir aus einer Vielzahl von verschiedenen Mikroorganismen.
Durch die Fermentation bilden sich Kohlensäure und geringe Mengen an Alkohol. Außerdem gibt die Kefirknolle verschiedene Vitamine in die Flüssigkeit ab. Dazu zählen B-Vitamine, Vitamin C und Vitamin D.

Eine leckere und gesunde Alternative zu Limonade

Zum Arbeiten keine Metallgeräte verwenden, sonst kann der Kefir schlecht werden.
Zucker im Wasser auflösen, Kristalle, Zitronenscheiben und Trockenfrüchte dazugeben und das Bügelglas verschließen. Es muss mindestens ⅘ gefüllt sein.
Auf einen Untersetzer bei Zimmertemperatur ca. 3 Tage stehen lassen.
Keine Angst, ein gutes Bügelglas platzt nicht, der Draht gibt dem Druck nach, deshalb der Untersetzer.
Bei Verwendung einer Glasflasche, den Deckel nicht zuschrauben, damit die Gärgase entweichen können.
Den fertigen Kefir mit einem Plastiksieb abseihen, Kefirkristalle abspülen, und wieder neu ansetzen.
Wasserkefir kann auch mit frischen Früchten oder Fruchtsaft zubereitet werden.

Soße

mit Wasserkefir-Kristallen

Die Kristalle vermehren sich sehr fleißig, und alle Verwandten und Freunde haben wir bereits versorgt.

Für den Kompost sind sie aber viel zu schade, denn denn man kann sie essen. Sie lassen sich ähnlich wie Hackfleisch verarbeiten, haben aber wenig Eigengeschmack, so würze ich sie kräftig.

Ein genaues Rezept brauchen wir da nicht, einfach der Fantasie freien Lauf lassen.

Auf dem Foto hab ich eine Nudel-Soße daraus gemacht, ähnlich wie Bolognese-Soße, nur das Fleisch weggelassen.
Man kann auch die Kristalle nur teilweise hinzugeben, Hälfte Kristalle, Hälfte Hackfleisch.

Ich hab sie gemacht mit:

- frischen Tomaten
- frischen Paprika
- angebratenen Zwiebelstückchen
- Knoblauch
- Chilli
- Salz, Pfeffer etc.

„Hackbraten“ geht auch damit, auch Bratlinge.

Ei dazu und Semmelbrösel zum Binden. So hat man, wenn man möchte, eine fleischlose Alternative.

Fleischlose Nudel-Soße

Tomaten fermentieren

mit fermentierten Kohlblättern und Gemüse

Für ein Bügelglas von 800 ml benötigen Sie:

Circa 600 g kleine Tomaten

fein geschnittenen Lauchzwiebel

2 bis 3 Scheiben frischen Meerrettich

fein geschnittenen Knoblauch

1 TL fein geriebenen Ingwer

1 EL Salz

Es ist eine leckere Sache, Tomaten durch Fermentation haltbar zu machen. Dazu nehmen Sie am besten nur kleine Tomaten, denn diese passen besser in die Gläser, so entstehen nicht so große Leerräume. Größere Tomaten in Stücke geschnitten würden sich auflösen. Rote, gelbe und schwarze gemischt sehen optisch auch sehr gut aus.

Sie müssen die Tomaten vorsichtig anstechen, sonst platzen sie, wenn der Gärungsprozess einsetzt.
Die Tomaten anstechen und mit möglichst wenig Leerraum einlegen, aber vorsichtig, damit sie nicht platzen.
Nur schöne Tomaten verwenden, nicht solche, die schon an der Pflanze aufgeplatzt waren.

Mit einem Blatt bedecken, Beschwerungsstein darauflegen, mit Wasser auffüllen, verschließen, fertig.

Die Gläser sollten in der Regel fast komplett mit Wasser befüllt werden, damit wenig Sauerstoff im Glas bleibt und es den Bakterien so möglich ist, diesen herauszudrücken.

Tomaten vorher anstechen

Die Gewürze auf den Glasboden legen

Fermentierte Tomaten

Kürbis aus Muskatfamilie
mit intensiver Farbe

Kürbis-Kimchi

Kürbis-Kimchi

Kürbis-Kimchi im Gärtopf

Sie benötigen für ein 5-Liter-Gefäß:

etwa 1,5 kg Muskat- oder Butternutkürbis, diese Sorten haben das feinste Aroma

200 g Natursalz

1 Chinakohl, nur die grünen Spitzen oder auch Lauch.

Kimchi-Paste:

2 EL koreanisches Chilipulver

200 g fein gehackten Lauch (als Alternative können Sie auch die Blätter der Scharfgarbe verwenden)

150 g frisch gepressten Knoblauch

100 g fein geriebenen Ingwer

1 EL Zucker

2 EL Salz

Alles vermischen, fertig.

Schälen Sie den Kürbis und schneiden Sie ihn in etwa drei mal fünf Zentimeter große und einen halben Zentimeter dicke Stücke. Vermischen Sie die Stücke nun mit dem Salz und lassen Sie sie mindestens eine Stunde bei Raumtemperatur stehen.
Prüfen Sie nach der Wartezeit den Salzgehalt des Kürbisses. Wenn er zu salzig ist, spülen Sie ihn mit kaltem Wasser ab und trocknen ihn vorsichtig mit Küchenpapier ab.
Den Chinakohl nun in Streifen schneiden. Alle Zutaten für die Kimchi-Paste vermischen.

Kürbis und Kimchi-Paste gut vermengen, so dass jedes Stück Kürbisfleisch mariniert wird. In ein Gefäß mit dicht schließendem Deckel geben und leicht andrücken.
24 Stunden bei Raumtemperatur stehen lassen. Stellen Sie es anschließend in den Kühlschrank oder in den Erdkeller. Das Kimchi ist nach etwa zwei Wochen fertig und hat eine Haltbarkeit von etwa drei Monaten.

Chinakohl

Fermentierter Sellerie

Für ein Bügelglas von 300 ml benötigen Sie:

200 g Sellerie

1 TL Salz

Warum Sellerie fermentieren?

Ernten wir eine ganze Sellerieknolle, verbraucht man sie meist nicht vollständig.
Frieren wir die Reste ein, werden sie meist braun und matschig.

Zwar bestünde noch die Option des Trocknens, aber die getrockneten, harten Stücke müssen eine lange Zeit vor dem Gebrauch eingeweicht werden. Fermentiert bleiben sie jedoch beinahe so frisch wie ursprünglich und man kann die gewünschte Menge portionsweise entnehmen.

So geht's:

Sellerie schälen und in die gewünschten Portionsstücke schneiden.

Für ein Bügelglas mit 300 ml Fassungsvermögen geben Sie zum Sellerie einen Esslöffel Salz, befüllen es dann mit Wasser, legen ein Blatt darüber und beschweren es. Dann einfach nur noch verschließen und fertig. Mit dem Salz brauchen Sie nicht sparsam umgehen, denn je höher der Salzgehalt ist, umso länger hält der Sellerie, wenn das Glas angebrochen wurde.

fertig im Glas

Fermentierte Radieserl

Fermentierte Radieserl

Dazu benötigen Sie:

500 g Radieserl

1 rote Peperoni oder Kimchi-Chili

etwas fein geschnittenen Lauch (etwa eine Hand voll)

1 fein geschnittene Knoblauchzehe

1 TL geriebenen Ingwer

Salz

Die Radieserl halbieren, dann fermentieren sie besser. Die halbierten Radieserl salzen, und eine Stunde ziehen lassen. Den fein geschnittenen Lauch und den Ingwer darübergeben und vermischen.
Zuerst geben Sie die Gewürze, den Knoblauch und Chili in das Glas. Dann füllen Sie es mit den vermischten Radieserln auf, legen ein Blatt darüber (Haselnussblätter passen genau), legen einen Beschwerungsstein darauf und füllen es mit Salzwasser auf (einen Esslöffel Salz auf einen Liter Wasser).

Es genügt, die Radieserl auf einem Untersatz einen Tag bei Zimmertemperatur gären zu lassen.
Danach stellen Sie das Glas für mindestens eine Woche in den Kühlschrank.
Die Radieserl verlieren durch die Fermentierung ihre Farbe und werden gleichmäßig rosa.

Während der Fermentation öffnen Sie niemals die Bügelgläser, da sonst der Sauerstoff eindringt.
Übrigens, keine Angst, Bügelgläser platzen nicht, ist mir in den sechzehn Jahren noch nie passiert.

Radieserl halbieren

Meine Frau meint, die fermentierten Radieserl schmecken besser als die frischen.
Es stimmt, die sind wirklich sehr lecker. Dieses Rezept funktioniert auch mit anderen Rettich-Sorten. Man muss sie nur auf etwa die gleiche Größe schneiden.

Topinambur fermentiert

Dazu benötigen Sie:

1 kg Topinambur-Knollen

100 ml Wasser

1 rote Peperoni

3 Frühlingszwiebeln

½ Knoblauchzehe

20 g fein geriebenen Ingwer

Natursalz

Rohe Topinambur verträgt nicht jeder, sie sind relativ schwer verdaulich und führen oft zu lästigen Blähungen.
Wurde sie fermentiert, ist sie völlig unproblematisch, und das ganze Jahr verfügbar. Sie gibt es sonst nur im Herbst und lässt sich nicht lange lagern. Fermentiert können Sie sie aber das ganze Jahr verwenden.
Die Topinambur-Knollen waschen Sie und schneiden Sie in Scheiben. Anschließend bereiten Sie eine Lake zu: Wasser, in Ringe geschnittene Peperoni und Frühlingszwiebel, Knoblauch und den geriebenen Ingwer mischen. Nun benötigen Sie noch 25 Gramm grobes Natursalz, welches Sie zusammen mit der zubereiteten Lake über die Topinambur geben und anschließend verschließen Sie fest das Bügelglas. Sie lassen das Glas eine Woche bei Zimmertemperatur stehen, danach lagern Sie es zwei Monate kühl. Die Haltbarkeit beträgt ein Jahr, im Kühlschrank oder Erdkeller sogar noch länger. Die angegebene Menge reicht für zwei Bügelgläser (800 ml).
Genauso wie Alant, Wegwarte, Chicorée, Artischocke oder Schwarzwurzel gehört Topinambur zu den Pflanzen, die Stärke in ihren Wurzeln einlagern. Diese Stärke ist ein ausgezeichneter Ballaststoff für die Darmbakterien.

Topinambur-Knolle

Rote-Bete-Salat

Für einen 10-Liter-Topf benötigen Sie:	Für zwei 1-Liter-Gläser
4,5 kg Rote Bete	**1,2 kg Rote Beete**
1,5 kg Weißkohl	**400 g Weißkohl**
½ kg geraspelte Äpfel	**130 g geraspelte Äpfel**
½ kg Zwiebeln	**130 g Zwiebeln**
2 bis 3 EL Senfkörner	**1 TL Senfkörner**
6 Lorbeerblätter	**2 Lorbeerblätter**
1 EL Kümmel	**½ TL Kümmel**
150 g Salz	**3 EL Salz**

So bereiten Sie das ganz einfach zu:

Die Roten Bete putzen, anschließend grob reiben oder mit der Küchenmaschine raspeln.
Etwa ein Drittel eines fein geschnittenen Weißkohls mit den Gewürzen dazugeben.
Dann, wie immer, mit Blättern zudecken, beschweren und verschließen.
Wenn der Saft nicht reichen sollte, füllen Sie den Topf mit abgekochtem Salzwasser (zwei Prozent Salz) und etwas mildem Weißwein auf.

Guter Küchenhelfer

Mit der roten Rübe hat die Natur ein ganz besonderes Gemüse hervorgebracht, sie ist sehr wertvoll für unsere Ernährung.

Es handelt sich aber bei ihr um kein Wildgemüse, der Mensch hat entscheidend dazu beigetragen, dass aus der Wildform ein nahrhaftes Gemüse geworden ist. Die rote Rübe ist roh, wie die meisten Gemüsearten, am wertvollsten und durch die Fermentation bleibt sie in diesem rohen Zustand erhalten.

Der Zuckergehalt mit etwa fünf Prozent ist relativ hoch, daher gären die roten Rüben besonders stark. Zucker ist eben die „Lieblingsspeise" der Milchsäurebakterien.

Wer sie selbst anbaut, sollte eher die Rund-Form anbauen, da diese weniger Nitrat bildet als die länglichen. Aber durch die Fermentierung wird das Nitrat weitgehend abgebaut.

Ich zerkleinere die Knollen zum Fermentieren mit einer groben Raspel. Eine Küchenmaschine leistet mir dabei gute Dienste, da ich immer einmal zur Erntezeit mindestens einen fünfzehn Liter Gärtopf vollmache.

Wenn man die roten Rüben alleine fermentiert, sind sie nicht sehr lange haltbar. Gibt man aber etwa ein Drittel fein gehobeltes Weißkraut dazu, hält das Fermentierungsgut ein ganzes Jahr, also bis zur nächsten Ernte.

Reichliche Gelbe-Rüben-Ernte meines Bruders Olaf

Gelbe Rüben-„Kimchi"

Für ein 3-Liter-Bügelglas oder vier 800-ml-Gläser brauchen Sie:

1 kg Karotten

1 EL Salz

1 EL koreanisches Chilipulver

50 g fein geschnittenen Lauch

100 g weißen Rettich, geraspelt

1 TL geriebenen Ingwer

1 TL gepressten Knoblauch

Die Karotten waschen und raspeln, die Größe der Raspel wie bereits bei den Roten Rüben beschrieben.

In eine geräumige Schüssel geben, salzen und etwa eine Stunde ziehen lassen.

Alle anderen Zutaten dazugeben und alles gut vermischen.

Diese fermentierten Karotten haben eine Haltbarkeit von einem Jahr, wenn Sie einige Scheiben frischen Meerrettich mit fermentieren lassen. Seine Gerbsäure macht das Produkt haltbarer.

Karotten geriebe

Karotten im Gärtopf

Süß-saurer Rhabarber

Wir brauchen für ein ¾-Liter-Bügelglas:

Ca. 4 Stangen Rhabarber

15 g Natursalz

50 g bis 60 g Rohrohrzucker oder Honig

Rhabarber lässt sich sehr gut fermentieren. Er ist schon von Natur aus säuerlich. Wir kennen ihn meist als Kompott, Kuchen und in Erdbeer-Marmelade. Aber auf diese Weise fermentierter Rhabarber lässt sich gut roh genießen, voll von Ballaststoffen, Vitaminen und Mineralen.

Rhabarber waschen und passend für das Bügelglas auf Länge schneiden.

Im liegenden Glas die Stäbchen einrichten, dass sie sehr eng beieinander liegen. Salz und Zucker (Honig) dazugeben und mit Wasser auffüllen.

Das Glas verschließen und so lange schütteln bis sich Zucker und Salz aufgelöst haben.
Dann wieder öffnen, Blatt und Beschwerungsstein auflegen, verschließen und 1 Tag im Warmen Fermentieren lassen.
Ist nach einer Woche im Kühlschrank fertig, hält aber mehrere Monate.

Fermentierte Klettenwurzeln

Man verwendet nur die Wurzeln der einjährigen Klette, nicht die der zweijährigen, an der schon die bekannten Kletten hängen. In diesem Stadium sind die Wurzeln viel zu holzig.

Ungeschält schneiden

Ich fermentiere die Wurzeln deshalb, weil es sie nur wenige Wochen im Jahr gibt. Ich sammle sie im Herbst, wenn sich die Blätter langsam zurückziehen, dann „wandern" die Inhaltsstoffe in die Wurzeln und machen sie dadurch so wertvoll.

Waschen Sie die Wurzeln gründlich. Das funktioniert am besten mit einem Wasserschlauch. Schälen Sie sie nicht, da sich die meisten Milchsäurebakterien außen an der Wurzel befinden und diese schließlich zum Fermentieren benötigt werden.

Klettenwurzel

Große Klette

Schneiden Sie die Wurzeln in dünne Scheiben und spülen Sie sie nochmals ab. Dies geht am einfachsten mit einem Sieb.
Die geschnittenen Wurzeln salzen und etwa eine Stunde ziehen lassen.
Das Ganze in ein Bügelglas geben, mit einem Blatt bedecken (Haselnussblätter sind ideal, sie haben die passende Größe), auf das Blatt einen Beschwerungsstein legen und mit Salzwasser auffüllen.
Geben Sie einen Esslöffel Salz auf einen Liter Wasser. Verschließen Sie nun das Glas und lassen Sie es zwei Tage bei Zimmertemperatur auf einem Untersatz säuern. Danach stellen Sie es kalt.
Ich würze die Klettenwurzeln nicht, da sie in die Suppe kommen und diese entsprechend gewürzt wird.
Die Haltbarkeit beträgt ungeöffnet mindestens ein Jahr.

Fertige Wurzeln

Wenn man ein kleineres Bügelglas verwendet, sollte es dennoch den gleichen Durchmesser haben wegen des Beschwerungssteins. Die handelsüblichen kleineren Gläser ergeben in etwa die Menge, die man für eine Suppe für circa vier Personen benötigt.
Das angebrochene Glas sollte baldmöglichst verbraucht werden.

Klettenwurzelsuppe

Für circa zwei Liter Suppe benötigen Sie:

Zwei Handvoll fermentierte Klettenwurzeln

2 Zwiebeln

Butter oder Butterschmalz

Wurzelgemüse

Kräuter, z. B. Liebstöckel, Oregano, Petersilie

Salz, Pfeffer

Zwiebeln würfeln und in Butter oder Butterschmalz andünsten. Das Wurzelgemüse (Gelbe Rübe, Pastinake, Sellerie, Petersilienwurzel etc.) klein schneiden und dazugeben.
Dann geben Sie verschiedene Kräuter wie Liebstöckel, Oregano und Petersilie dazu und kochen alles kurz auf.
Nehmen Sie einen zweiten Topf:
Zwei Hände voll fermentierte Klettenwurzeln, in feine Scheiben geschnitten, im Wasser mit etwas Salz zwanzig Minuten kochen, dann in einen Mixer (Pürierstab verstopft!) geben und pürieren.
Nun geben Sie das Püree zum ersten Teil der Suppe dazu.
Sie können jetzt nach Belieben würzen mit Salz, Pfeffer oder anderen Gewürzen. Die fermentierten Klettenwurzeln geben der Suppe durch die feine Säure einen ganz eigenen Geschmack, der mir besonders zusagt.
Kletten werden in Japan als Gemüse angebaut. Im Saatguthandel kann man die entsprechenden Samen kaufen und dann im Garten anbauen. Aber verwenden Sie nur die Wurzeln der einjährigen Klette. Diese ist im Herbst im Wald zu finden.

Klettenwurzel fertig im Glas fermentiert

Sie finden die Klettenwurzelsuppe mit den fermentierten Kletten auch auf YouTube, suchen Sie ganz einfach unter „Gemüse Fermentieren". Der Bayerische Rundfunk hat den Film bei mir zu Hause gedreht.

Die Suppe

Kiefernzapfen-Sirup

Dieser Sirup ist sehr lecker. Um ihn vorzubereiten, müssen wir ein sauberes Bügelglas nehmen, unten etwas Zucker einfüllen, dann eine Schicht aus Zapfen und wieder eine aus Zucker geben, solange, bis diese verbraucht sind. Auf ein Kilo Zapfen kommen für gewöhnlich anderthalb Kilogramm Zucker.
Das Bügelglas verschließen und drei Wochen bei Raumtemperatur stehen lassen. So geben die Zapfen Feuchtigkeit ab und bilden zusammen mit dem Zucker einen Sirup. Nach drei Wochen muss der Sirup in ein neues Glas gegossen und von da an im Kühlschrank aufbewahrt werden. Besonders gerne wird der Zapfensirup in Russland mit einer Tasse Tee verzehrt.
Den Sirup machen wir aus jungen grünen Kiefernzapfen. Es werden nur junge 2–4 cm große Kiefernzapfen gesammelt.

Helfen soll der Sirup zur Vorbeugung von Magen-Darm-Infektionen, Erkrankungen der oberen Atemwege, Herzerkrankungen und Normalisierung des Stoffwechsels. bei Erkältungen, ein wirksamer Schutz gegen Virusinfektionen und chronischer Husten.

Der Sirup ist nur ein Nahrungsergänzungsmittel, kein Ersatz für eine abwechslungsreiche, ausgewogene Ernährung. Nicht für schwangere oder stillende Frauen geeignet.

Kiefernzapfen in Zucker eingebettet

Süß-saurer Rettich

mit Minze

Wir brauchen für ein 300-ml-Bügelglas:

500 g frischer, weißer Rettich

10 g Natursalz

einige Blätter wilde Minze (jede andere geht auch)

20 g weißer Zucker

1 EL Weißwein

Das ist eine tolle Delikatesse! Die Japaner machen das ähnliche Rezept, aber mit Seetang und Reiswein. „Senmaizucke" heißt das in Japan. Da diese Zutaten bei uns nicht heimisch sind, hab ich experimentiert, den Seetang durch Minze und den Reiswein mit Weißwein ersetzt.
Das ist toll gelungen. Wir brauchen dazu ein Bügelglas ohne „Hals", um das ganze Stülpen zu können.

Den Rettich mit einer Küchenmaschine grob raspeln, einsalzen, ca. 2 Stunden „ausweinen" lassen und den Weißwein darüber geben.
Den Rettich in das Bügelglas in ½ cm dicke Schichten einrichten, die Schichten abwechselnd leicht zuckern und einzelne Blätter der Minze dazwischen legen.

Die restliche Salz-Wein-Lake vom Rettich darüber geben, mit einem Blatt zudecken und einen Beschwerungsstein drauflegen.

Ca. 10 Tage im Kühlschrank fermentieren lassen. Danach den Glasinhalt auf einen Teller stülpen. Vor dem Stülpen den überschüssigen Saft abgießen, er gibt ein gutes Salatdressing. Bald verbrauchen!

Rettich grob raspeln

Rettich ca. 2 Stunden „ausweinen" lassen

Bügelglas ohne „Hals" verwenden

Fermentiertes „Sushi"

mit Nusskäse (Rezept Seite 112)

Dafür benötigen Sie:

Nori Algenblätter aus dem Bio- oder Asialaden

Rote Paprika

Avocado

Fermentierte Nuss-Käse

Geriebenen Meerrettich

Soja-Soße

Dieses fermentierte rohe und vegane Sushi ist immer „der" Renner bei meinen Vorträgen und Seminaren.

Das Wort Sushi entstammt der japanischen Tradition, Fisch und Reis zusammen, zu fermentieren.
Dieses Sushi ist fermentiert, meistens enthält Sushi oft nur gekochten, aber keinen fermentierten Reis.
Wer mag, kann statt Avocado und Paprika natürlich auch Lachs und Hering etc. verwenden.

Zutaten Sushi

1. Noriblatt auslegen

2. Mit Nuss-Käse einen halben Zentimeter dick bestreichen

3. Paprikastreifen und Avocado in die Mitte legen

4. Mit Meerrettich bestreichen und die hintere Norialge mit Sojasoße bestreichen

5. Mit Hilfe der Matte aufrollen

6. Fertig!

Nusskäse

Dafür benötigen Sie:

1 Tasse Nüsse

1 Tasse Wasser

1 EL Zitronensaft

½ TL Salz

Dafür eignen sich Haselnüsse, Walnüsse, Cashewkerne etc. gemischt oder auch einzeln.

So gehen Sie vor:

Nüsse, Wasser, Zitronensaft und Salz im Mixer pürieren.

Oder aber Sie geben die Nüsse in den Mixer und füllen diesen mit so viel Wasser auf, dass man es gerade so an der Oberfläche sehen kann.

Nun lassen Sie die Masse 24 bis 36 Stunden mit einem Leintuch bedeckt stehen. Die Masse fermentiert dann ein wenig, und enthält so eine angenehme säuerliche Geschmacksnote. Die Masse ist im Kühlschrank in einer verschlossenen Dose vier Wochen haltbar. Sie schmeckt auch sehr gut als Brotaufstrich, zum Beispiel auf dem Sauerkrautbrot.
Ist der Nuss-Käse zu flüssig geraten, kann er mit Flohsamenschalen wieder eine festere Konsistenz bekommen. Aber hier gilt wieder Vorsicht, denn Flohsamenschalen dicken extrem nach.

Ganze Kerne

Fertig gemixt

Gemischte Nüsse

Nattō

Nattō ist in den letzten Jahren auf Grund seines gesundheitlichen Stellenwerts und seines reichhaltigen Vitamin K2 bekannt geworden. Es wird normalerweise aus Sojabohnen hergestellt.
Nach der traditionellen Zubereitungsart kommen die Bakterien aus dem Reisstroh, in das die Bohnen gewickelt werden. In der modernen Herstellung werden die Bohnen mit Kulturen geimpft, so dass die Verwendung von Reisstroh nicht notwendig ist.
Im Mikrobiotik-Handel kann man diese Bakterien als Starter kaufen.

Für Nattō werden die Bohnen gespült und über Nacht in reichlich Wasser eingeweicht. Die Sojabohnen müssen etwa fünf Stunden kochen, bis sie weich genug sind, um sie zwischen Daumen und Zeigefinger zerdrücken zu können.
Mit einem Dampfdrucktopf dämpfen Sie die Bohnen 45 Minuten.

Nattō in Reisstroh

Nicht kochen, sondern dämpfen, da sonst die Häute, die sich von den Bohnen lösen, zu Schaum werden und das Ablassventil verstopfen.

Das Wasser abgießen und die Bohnen abkühlen lassen. Wenn Sie Sporen als Starterkultur Ihres Nattōs verwenden, impfen Sie die Bohnen damit, wenn sie noch etwa 80 Grad heiß sind.

Verwenden Sie die angegebene empfohlene Menge an Starterkultur. Nehmen Sie eine Portion Starter im Verhältnis von fünf Prozent zu den Bohnen. Etwas Wasser mit dazugeben.
Die angesetzten Sojabohnen gleichmäßig, etwa fünf Zentimeter hoch, in eine Backform geben, bedecken und zehn bis 24 Stunden bei 40 Grad fermentieren lassen. Dies funktioniert gut im Backofen bei 50 Grad mit offener Tür.
Wenn sich zähe Fäden bilden, ist das Nattō fertig. Je länger es fermentiert, und je ausgeprägter die Fäden sind, umso intensiver ist der Geschmack.

Japanischer Ingwer

Wir brauchen für ein 500-ml-Bügelglas:

400 g frischen Ingwer

40 g Zucker

30 g Natursalz

50 ml Reisessig (oder Apfelessig)

Bei mir zu Hause ist der Ingwer schon seit über 5 Jahren einheimisch geworden. Ich ziehe ihn in einem Topf, er ist außerdem eine wunderschöne Pflanze.
Im Chinarestaurant haben wir vielleicht diesen süß-sauren Ingwer schon mal gegessen. Der ist aber meist nicht fermentiert, sondern in einer Zucker-Essig-Lösung ohne Fermentierung zubereitet worden.
Ich persönlich bin kein Freund von vielem Schälen, mich stört die Schale meist nicht, so schäle ich auch meistens den Ingwer nicht. Wer mag, kann das aber natürlich machen.
Ingwer in 1 mm feine Streifen schneiden und einsalzen.
Ca. 1 bis 2 Stunden ziehen lassen.

In 300 ml Wasser den Zucker auflösen, alles zusammen in eine Schüssel geben, gut vermischen.

Die Mischung in ein Bügelglas einrichten, mit dem Rest der Flüssigkeit auffüllen.

Zutaten für japanischen Ingwer

Mit einem Blatt bedecken, beschweren und verschließen.

Fertig nach ca. 4 Wochen. Hält viele Monate im Kühlschrank.

Ingwer kann man auch selbst ziehen.

Ingwer kann man auch selber ziehen. Am besten eignen sich dafür frische Ingwerwurzeln mit gelben Kaimaugen.

Ich lege die Wurzel in einen Topf mit normaler Gartenerde, und bedecke sie etwa 5 cm damit. Das mache ich im November und lasse sie in der Wohnung stehen. Bis zum Mai sind die Pflanztriebe dann ca. 40 cm hoch.

Ich stelle sie erst dann ins Freie. Ingwer ist sehr kälteempfindlich! + 2° C reichen, dass er nicht mehr weiter wächst.

Ernte im Herbst, einfach abschneiden, ausgraben und einige Wurzeln zum Neuanpflanzen aufheben.

Ingwer ist eine sehr schöne Pflanze. Wer Glück hat, bringt sie bis zum August auch zum Blühen.

Schwarzer Knoblauch

Beim schwarzen Knoblauch handelt es sich um den gewöhnlichen weißen Knoblauch. Der Knoblauch wird schwarz durch einen speziellen Fermentierungsprozess.
Zur Herstellung wird Knoblauch über mehrere Wochen bei einer hohen Luftfeuchtigkeit von 80 bis 90 Prozent einer Temperatur von 60 bis 80 Grad ausgesetzt. Dieser Fermentierungsvorgang sorgt beim Knoblauch für die Schwarzfärbung, ist aber sehr energieaufwendig.
In der asiatischen Küche ist schwarzer Knoblauch schon lange verbreitet. Bei uns ist er noch nicht lange bekannt.
Die Herstellung von schwarzem Knoblauch ist nicht schwer, dauert aber etwa zehn bis zwanzig Tage. Das beste Hilfsmittel ist ein Knoblauch-Fermenter. Es geht aber auch in einem oder mit einem Reiskocher.
Bei den Knoblauchknollen muss die Schale, die die Zehen umgibt, entfernt werden, aber die einzelnen Zehen werden hierbei nicht geschält.
Den Reiskocher mit dem Knoblauch befüllen und verschließen. Als Temperatur wählen Sie die Funktion „Warmhalten“, diese entspricht in etwa der gewünschten Temperatur von 70 Grad.
Ab und zu den Reiskocher etwas lüften, damit das überschüssige Wasser verdampfen kann.
Wie das bei den meisten Fermentationen so üblich ist, spielt hier die Zeit eine ausschlaggebende Rolle. Je länger man wartet, umso intensiver ist das Aroma.
Ich empfehle Ihnen, den Reiskocher an einen Ort zu stellen, wo die „Geruchsbelästigung“ nicht stört. Gut geeignet sind dafür die Garage oder das Gartenhaus, wenn dort Strom zur Verfügung steht.

Ist die Fermentation nach circa zwanzig Tagen abgeschlossen, nehmen Sie die Knoblauchzehen aus dem Reiskocher und lassen diese bei Zimmertemperatur abkühlen.

Danach müssen Sie die einzelnen Zehen schälen und trocknen lassen.
In einem dicht verschlossenen Glas aufbewahren. Twist-Off-Gläser sind hierfür sehr gut geeignet.

Durch den Fermentierungsprozess erhöht sich der Zuckergehalt, die Ascorbinsäure verringert sich, und der Knoblauch bekommt eine größere Antioxidationskapazität.

Milder Knoblauch

Für ein 300-ml-Bügelglas brauchen wir:

200 g Knoblauch (ca. 5 Knollen)

1 TL Natursalz

1 Prise Zucker

Schwarzer Knoblauch ist sehr aufwendig zu fermentieren, und dauert sehr lange. Deshalb zeige ich hier noch eine einfache Methode, die dem Knoblauch die Schärfe nimmt und ihn so sehr mild werden lässt. Wir nehmen sehr frischen Knoblauch, der lässt sich leichter fermentieren und auch leichter abschälen. Je frischer er ist, um so saftiger bleibt er.

Der Zucker wird von den Bakterien verdaut und verschwindet so wieder.

Knoblauch-Knollen auseinandernehmen und die Zehen abschälen. Spitze und Wurzel etwas abschneiden.

Die Zehen in ein Bügelglas geben, Salz und Zucker dazu und mit Wasser aufgießen.

Wie bei allen Bügelgläsern mit einem Blatt bedecken.
Ein Haselnussblatt eignet sich gut, das gibt's fast überall.

Am besten lässt sich frischer Knoblauch verarbeiten.

Beschwerungsstein auflegen, verschließen, und etwas schütteln, damit sich das Salz auflöst.

Mindestens 6 Wochen an einem kühlen Platz fermentieren lassen.

Hält mindestens ein halbes Jahr.

Zwiebeln fermentiert

Der Vorteil dieser Zwiebeln besteht darin, dass sie ihre Schärfe verlieren, wobei das volle Zwiebelaroma allerdings erhalten bleibt. Die weißen Gemüsezwiebeln werden durch die Rote Bete natürlich auch Rot. Zwiebeln alleine fermentieren nur schwer, durch die Zugabe einiger Scheiben Roter Bete kommt die Fermentierung so viel schneller in Gang.

So geht's:

Rote Bete nicht schälen, nur waschen und in Scheiben schneiden.
Zwiebeln schälen und in 2 bis 3 mm dicke Scheiben schneiden.

Die Rote Bete zuerst in ein Bügelglas geben, dann die Zwiebelringe dazugeben und etwas fest drücken.
Das Glas mindestens zu ⅘ füllen.

Mit Salzwasser auffüllen
(1 Esslöffel Salz auf 1 Liter Wasser).

Ein Blatt und anschließen den Beschwerungsstein drauflegen.

2–3 Tage bei Zimmertemperatur fermentieren lassen.

Dann kalt stellen. Hält über 6 Monate im Kühlschrank.

Zutaten für fermentierte Zwiebel

Eine herrliche Zutat für einen Rohkostsalat.

Tomaten-Salsa

Wir brauchen für ein ¾-Liter-Bügelglas:

500 g frische Tomaten

120 g rote Zwiebeln

10 g Natursalz

1 EL Chillipulver (mildes Kimchi-Pulver)

2 fein geschnittene Knoblauchzehen

Pfeffer aus der Mühle

Saft einer Zitrone

Nach Geschmack: Minzblätter, Zitronenmelisse, Dill, etc.

Salsa kann man ja fertig kaufen, ist aber dann immer erhitzt und pasteurisiert worden. Der Vorteil beim fermentieren:Hier bleiben die Mineralstoffe und Vitamine erhalten, und ich weiß auch genau, was in dieser Salsa drin ist.

Sie hält ca. 4 bis 6 Wochen, also nicht zu viel auf einmal machen.

Die Tomaten halbieren und das Kernhaus entfernen, und in Stücke schneiden.

Zwiebeln in ¼ Ringe schneiden.

Alles zusammen in eine Schüssel geben und gut vermischen.

Ca. 1 Stunde ziehen lassen, dann fällt das Fermentiergut etwas zusammen, und nicht später im Bügelglas. So bleibt es voll bis zum Öffnen.

Einfüllen und gut festdrücken. Mit einem Blatt zudecken, mit Stein beschweren und 2 bis 3 Tage im Warmen fermentieren lassen. Dann kühl stellen.

Zutaten für Tomaten-Salsa

Alle Zutaten mischen
Passt sehr gut zu Gegrilltem

Ajvar fermentiert

Wir brauchen für ein ¾-Liter-Bügelglas:

550 g roter Paprika

100 g Aubergine

120 g rote Zwiebeln

50 g getrocknete Tomaten oder Paprika

3 Knoblauchzehen

15 g Natursalz

Pfeffer aus der Mühle

Traditionell wird Ajvar eigentlich nicht fermentiert, sondern eingekocht. Aber fermentiert hat es eine feine, andere Geschmacksnote, da die Säure nicht vom Essig kommt, sondern von der Milchsäure.

Ajvar gibt es sowieso in vielerlei Geschmacksnoten. Warum also nicht mal fermentieren?

Dem Paprika die Kernhäuser entfernen und grob stückeln.

Aubergine und Zwiebeln auch grob stückeln.

Mit allen anderen Zutaten in einen Mixer geben und zu einem leicht groben Brei mixen.

Die getrockneten Tomaten oder Paprika saugen den Saft der anderen Gemüse auf. Ist das Ajvar noch zu dünnflüssig, noch einige getrocknete Tomaten oder Paprika dazugeben. Man kann das Ajvar auch mit Flohsamenschalen eindicken.

Das Mus in das Bügelglas geben, mit einem Blatt und einem Beschwerungsstein zudecken.
Ein bis zwei Tage warm stellen, dann für ca. 14 Tage in den Kühlschrank.

Ajvar mit einem Blatt und einem Beschwerungsstein abdecken

Senf fermentiert

Wir brauchen für ein 250-ml-Bügelglas:

100 g Senfkörner, egal ob schwarze oder gelbe oder deren Mischung

125 ml Milchsäure-Lake aus einem anderen Ferment

10 g Natursalz

Gewürze nach Geschmack: Pfeffer, Honig, milden Chili, gemischte Kräuter, auch Kurkuma für die Farbe

Schon mal Senf selbst gemacht? Das ist gar nicht so schwierig. Senf wurde schon seit seiner Herstellung im 4. Jahrhundert fermentiert. Heute gibt's ihn in Tuben und Gläsern ewig haltbar pasteurisiert.
Und die Säure stammt heute nicht mehr von der Milchsäure, die durch die Fermentierung entsteht, sondern von billigem Essig. Also machen wir ihn mal selber wie vor vielen hundert Jahren.

Alles zusammenmischen, gut verrühren und zugedeckt im Kühlschrank 2 bis 3 Tage ziehen lassen.

Dann in einem Mixer pürieren, bis wir die gewünschte Konsistenz haben.

Dann ab ins Glas, verschließen und einen Monat bei Zimmertemperatur fermentieren lassen.

Dieser selbst gemachte Senf hält viele Monate, sofern man ihn nicht schon vorher wegen seines besonderen Geschmacks verbraucht hat.

Zutaten für fermentierten Senf

Selbstgemachter Senf ist über mehrere Monate haltbar.

Fermentierte Chili-Soße

Sriracha

Wir brauchen für 250 ml Glas oder Flasche:

500 g milden Jalapeño-Chili frisch oder 30 g Pulver (oder anderen Chili Schärfegrad 3–4; Pulver ist leichter zu kaufen als frische Jalapeños)

2 Knoblauchzehen

20 g Rohrohrzucker oder besser Honig

7 g Natursalz

40 g Gärsaft aus anderem Ferment

Diese Soße stammt eigentlich aus Asien, ist aber bei unseren Grillmeistern schwer im Trend. Es gibt sie auch im Handel, sie enthält aber viel Essig und Zucker, wie viele ähnliche Grillsoßen. Fermentiert ist sie wesentlich bekömmlicher und sehr lecker. Ein Hit bei jedem Grillfest.

Chilis waschen, nur das weiße Fruchtfleisch entfernen, die Kerne drinlassen, grob zerhacken oder Pulver mit 320 ml Wasser vermengen. Alles zusammen pürieren.

In eine Schüssel geben, mit Tuch bedecken und 3 Tage bei Zimmertemperatur fermentieren lassen.

Dann nochmals pürieren, die Masse gegebenenfalls durch ein Sieb drücken. Ist die Konsistenz zu dünn, mit getrockneten Tomaten oder auch mit Flohsamenschalen leicht einzudicken.

In ein Bügelglas oder eine Flasche geben. Im Kühlschrank hält sie bis zu einem halben Jahr, aber die wird sicher vorher schon verspeist.

Zutaten für Sriracha

Kimchi Zutaten

Chinakohl-Kimchi

Für drei 800-ml-Bügelgläser brauchen Sie:

1 kg Kohl

70 g koreanisches Chilipulver (Kochugaru)

150 g Lauch fein geschnitten

1 EL Knoblauch gepresst

1 EL Ingwer gerieben

1 EL Zucker (Rohrohrzucker)

1 EL Salz

Chinakohl Kimchi ist das am weitesten verbreitete und bei uns fast das einzige Kimchi, was wir bei uns kennen. Wenn man Kimchi sagt, ist meistens dieses gemeint.
In Korea macht man das Kimchi aus halbierten Köpfen, und die werden mit einer Paste zwischen den Blättern eingestrichen und in einen Gärtopf geschichtet. Bevor es auf den Teller kommt, wird es dann grob geschnitten.
Für einen normalen Haushalt ist ein Gärtopf voll meistens zu viel.

So schneide ich den Kohl gleich in ca. 4 x 4 cm große Stücke dann lässt sich das Kimchi leicht in einem Bügelglas einschichten und ist dann später gleich fertig zum Genießen.

Den Kohl in etwa gleich große Stücke schneiden. Mit 100 g Salz einsalzen und 1 Std. ziehen lassen. Der Kohl fällt dann etwas zusammen.

Den Kohl in eine geräumige Schüssel geben und mit Chilipulver, Lauch, Knoblauch, Ingwer, Zucker und Salz vermischen und wieder etwas ziehen lassen. So fällt der Kohl etwas zusammen und die Gläser sind dann später nicht halb voll.
Diese Mischung in etwa 3 Bügelgläser (800 ml) einfüllen und leicht andrücken.
Das Glas etwa bis 3 cm unter den Rand füllen.
Mit einem Blatt (Haselnuss passt genau) abdecken, damit die Gewürze nicht aufschwimmen.
Beschwerungsstein auflegen und mit Salzwasser fast ganz auffüllen. (Salzwasser: 1 EL Salz auf ein Liter Wasser)
Verschließen und auf einem Untersetzer 1 Tag gären lassen.
Wenn der Untersetzer nass ist, ist es sicher, dass die Gärung eingesetzt hat.
Kalt stellen, meistens nach einer Woche schon fertig.
Hält ca. 3 Monate, aber was schmeckt, „hält" eh nicht lange.

Kimchi ungeschnitten

Kimchi geschnitten

Kimchi im 3-Liter-Glas

Fermentierte Kichererbsen

Zutaten für ein ¾-Liter-Bügelglas:

200 g Kichererbsen getrocknet
Geht auch mit anderen Hülsenfrüchten wie Linsen, Kidney-Bohnen, weiße Bohnen, getrocknete grüne Erbsen etc.

lauwarmes Wasser

1 EL Zitronensaft

Salz

Kichererbsen waschen, in eine Schüssel geben und in lauwarmem, 1%igem Salzwasser 2 Tage einweichen.
Es bildet sich dann ein unappetitlicher Schaum, deshalb das Einweichwasser abgießen und die Kichererbsen mit Wasser abspülen.
In das Bügelglas geben, mit ausreichend 1%igem Salzwasser bedecken, den Zitronensaft dazugeben.
Mit einem Blatt bedecken, Beschwerungsstein auflegen und verschließen.
1 bis 2 Tage warmstellen, dann ca. 2 –3 Wochen kühl lagern.
Die Kichererbsen kann man als Salat, im Eintopf, als Hummus oder Bratling etc. verwenden. Wenn man die Kichererbsen danach noch kochen möchte, geht das in wenigen Minuten.

← Kichererbsen fertig zum Fermentieren

Fermentierte Hülsenfrüchte sind nicht mehr roh. Sie sind nur unerhitzt. Durch die Vorverdauung der Bakterien wandeln sich die Inhaltsstoffe, auch Gifte wie das Phasin.
Optisch: Blaue Bohnen werden grün beim Kochen, nicht weil sie bleichen, sondern weil sich die Inhaltsstoffe verändern, die für die Farbe sorgen. Hülsenfrüchte sind Samen, roh und unbehandelt keimen sie. Fermentiert keimen sie nicht mehr, weil sich auch diese und andere Inhaltsstoffe verändert und teilweise auch abgebaut haben.
Das geht beim Kochen noch viel heftiger. So kann man die rohen Inhaltsstoffe von Hülsenfrüchten nicht mit fermentierten vergleichen. Die Warnung, rohe Hülsenfrüchte nicht zu essen, ist bekannt. Ob man nun aufgrund der Veränderungen durch das Fermentieren diese Hülsenfrüchte bedenkenlos essen kann, sollte jeder für sich entscheiden.

Saure Bohnen

Zutaten für ein 800-ml-Bügelglas:

400 g frische grüne Bohnen

Etwas Bohnenkraut

Dill

Estragon

Eine Zwiebelscheibe

Salz

Das ist auch ein einfaches Rezept und gelingt immer. Sie können fast alle Arten von grünen Bohnen verwenden, wie zum Beispiel Buchbohnen, Stangenbohnen, Prinzessbohnen etc. Auch die verschiedenen Bohnen gemischt habe ich schon zubereitet.

Bohnen sind sehr gute Eiweißlieferanten. Sie haben nicht nur viel davon, sondern vor allem auch hochwertiges Eiweiß.

Durch die Fermentierung werden die rohen Bohnen „vorverdaut“. Dadurch spalten sich die Eiweiße in Aminosäuren auf, so dass der Körper sie dann besser verdauen kann. Somit braucht man die Bohnen nicht zu kochen, und die Inhaltsstoffe bleiben erhalten. Fermentieren ist daher die effektivste Methode, den Nährstoffreichtum von Hülsenfrüchten zu nutzen. Sonst müssten sie abgekocht werden, wodurch viel von den Nährstoffen verloren ginge. So zubereitet können auch Rohköstler den Nährstoffreichtum von Hülsenfrüchten für sich nutzen.

Schneiden Sie die Bohnen so fein wie möglich – im Rheinland bekannt als Schnippelbohnen.

Legen Sie die Zwiebelscheibe auf den Boden des Bügelglases und auf dieses dann das Bohnenkraut, den Dill und den Estragon, möglichst frisch gepflückt aus dem Garten.

Mit den geschnippelten Bohnen das Glas füllen, mit einem Blatt abdecken, Beschwerungsstein darauf legen, mit Salzwasser auffüllen und verschließen.

Zwei Tage auf einem Untersatz bei Zimmertemperatur gären lassen und danach in den Kühlschrank stellen.

Die Bohnen benötigen zur Aromabildung im Kühlschrank circa vier Wochen. Haltbar sind sie ungeöffnet und gekühlt über ein Jahr.

Geeignet sind sie zum Rohverzehr als Salat oder auch als Beilage zu Ihrem Gericht, da empfehle ich Ihnen, die Bohnen vorher etwas zu erwärmen.

Glas fast ganz auffüllen

Kleiner Tipp:

Ich gebe die Gewürze immer ganz unten ins Glas, nach oben gelangen sie durch die Gärung von selbst.

Russische Gurken

Sie brauchen für ein 3-Liter- Bügelglas:

5 bis 10 Dillzweige

3 bis 4 geschälte Knoblauchzehen

2 bis 3 Scheiben Meerrettich

ein paar Meerrettich-Blätter, wenn vorhanden

10 bis 15 Gurken, je nach Größe

2 Sauerkirschblätter oder Lorbeerblätter

Circa 50 g Natursalz

1 EL Rohrohrzucker

Wasser zum Auffüllen

Solche leicht gesalzenen Gurken sind bei uns nur sehr schwer bis gar nicht zu bekommen. Im Handel gibt es vorwiegend nur mit Essig und Zucker eingemachte Gurken. Daher ist es absolut lohnenswert, die Gurken selbst einzumachen.
Sie nehmen dazu etwas größere Einlegegurken. Aber aufgepasst, die Zubereitung mit heißem Wasser fermentiert sehr stark!
Die Gewürze ohne Salz und Zucker als erstes in das Glas geben. Durch die Fermentation kommen sie von selbst nach oben.

Salz und Zucker in circa 1,5 Liter Wasser auflösen und zum Kochen bringen.
Die Gurken senkrecht in das Glas füllen.

Das nicht mehr kochende Wasser (circa 80 Grad) darübergießen, mit einem Blatt bedecken, Beschwerungsstein darauflegen und fast ganz mit Wasser auffüllen.
Auf einem Untersetzer ein bis zwei Tage bei Zimmertemperatur fermentieren lassen, dann kalt stellen.
Die Haltbarkeit beträgt etwa zwei Monate.

Statt Lorbeerblättern oder Sauerkirschblättern können Sie auch alternativ Blättern von der schwarzen Johannisbeere nehmen.

Frischer Dill

Fermentierter Spargel

Zutaten für ein Bügelglas (800 ml):

500 g Spargel

1 TL geriebenen Ingwer

halbe, geschnittene Knoblauchzehe

1 EL Natursalz

½ TL koreanischen Chili

Vor circa fünf Jahren habe ich Grünspargel angepflanzt. Im Gegensatz zum weißen Spargel braucht man diesen nicht zu schälen und auch sein Aroma ist etwas intensiver. Auch wächst er ohne viel Pflege auf einem normalen flachen Boden. Die Pflänzchen habe ich mir von „Arche Noah" aus Österreich schicken lassen, es handelt sich um die Sorte Goldgebener, welche ich persönlich für sehr empfehlenswert für Gartenbesitzer halte.
Nun im fünften Jahr ist die Ernte so ergiebig, dass wir alle zwei Tage zwei Hände voll ernten können und das ganze sechs Wochen lang. Aber jeden zweiten Tag Spargel essen? Da bietet sich natürlich Fermentieren an! So haben wir fast das ganze Jahr Spargelsaison und nicht nur, wie üblich, im April und Mai.
Da ich eine Vorliebe für Kimchi habe, beziehungsweise für die mildere, europäische Version, habe ich das entsprechend angepasst: Da Grünspargel, wenn man ihn länger lagern will, mit der Zeit weich werden kann, empfehle ich Ihnen, eine oder zwei Scheiben Meerrettich auf den Glasboden zu legen.
Durch die Gärung treiben die Gewürze sowieso nach oben.
Nun legen Sie den auf die entsprechende Länge zugeschnittenen Spargel senkrecht in das Bügelglas. Das funktioniert am besten im liegenden Glas. Mit beispielsweise einem Haselnuss-Blatt abdecken, Beschwerungsstein darauf legen und mit Wasser auffüllen.
Zuletzt das Glas verschließen und einen Tag bei Zimmertemperatur säuern lassen.
Danach stellen Sie das Glas in den Kühlschrank zur Aromabildung. Nach etwa zwei Wochen ist der fermentierte Spargel fertig. Hat man genug Meerrettich beigegeben, hält der Spargel fast ein ganzes Jahr.

Spargel entsprechend kürzen

Gegrillte Antipasti

fermentiert

Wir brauchen für zwei 1-Liter-Bügelgläser:

4 rote Paprika

4 gelbe Paprika

4 mittelgroße Zucchini

3–4 Auberginen

Olivenöl

30 g Natursalz

3 Knoblauchzehen

Lorbeer- oder Sauerkirsch-Blätter

Das klingt schon verrückt, wir verwenden eigentlich sonst alle Gemüse roh, und jetzt grillen wir es vorher? Ja, das mag seltsam erscheinen, aber so fermentierte Antipasti sind so lecker, dass ich es unbedingt mit in dem Buch haben wollte. Ich habe das Rezept für zwei 1-Liter-Gläser geschrieben, denn wir würden es sonst nach dem ersten Probieren bereuen, dass wir nur ein Glas gemacht haben. Dann rentiert sich auch die etwas zeitaufwendigere Zubereitung.

Nur die Paprika grillen, bis die Haut schwarz wird. Dann unter fließendem Wasser die schwarze Haut entfernen – geht ganz leicht. Anschließend die Kernhäuser entfernen. Zucchini und Auberginen in 5 mm Streifen schneiden und grillen, dürfen aber nicht schlapprig werden!
Alle Gemüse in ca. 4 cm Streifen schneiden und mit Olivenöl in einer Schüssel vermischen.
Alle anderen Zutaten dazugeben, vermischen und 1 Std. ziehen lassen.
In die Bügelgläser geben, sodass keine Luftblasen entstehen. Mit einem Blatt zudecken, beschweren und verschließen.

2 Tage warm fermentieren lassen, dann für 1–3 Wochen in den Kühlschrank.

Paprika grillen, bis die Haut schwarz ist

Alle Zutaten mischen und durchziehen lassen

Hält verschlossen und gekühlt viele Monate.

Indische Datteln

Wir brauchen für ein ¾-Liter-Bügelglas:

300 g getrocknete Datteln

Saft von 3 Zitronen

15 g Natursalz

2 EL Kreuzkümmel gemahlen

2 EL Anis gemahlen

2 EL Korianderkörner

1 TL milden Chili

Das ist eine leckere Nascherei. Das Rezept stammt aus Indien.

Diese eingelegten Datteln sind eine zuckerfreie Nascherei, die sogar noch gesund ist.

Zum Zubereiten brauchen wir gerade mal 10 Minuten, die restliche Zeit vergeht mit Warten.

Datteln entkernen, die anderen Zutaten in eine Schüssel geben und gut vermischen.

Dann die Datteln dazugeben, wieder gut verrühren und das Ganze in das Bügelglas geben, ohne dass Lufteinschlüsse zu sehen sind.

Verschließen, Beschweren und eine Woche in die Sonne stellen.

Dann in den Kühlschrank für einen Monat.

Hält gekühlt noch weitere 6 bis 8 Wochen.

Zitronensaft mit Gewürzen mischen

Anschließend die Datteln unterheben

Eine zuckerfreie
Nascherei

Fermentierte Giersch-Knospen

Kaum ein anderes Kraut ist in Gärten so lästig wie Giersch. Dabei kann Geißfuß oder Zipperleinkraut, wie Giersch auch genannt wird, viel mehr als wuchern. Rohköstler und Freunde von Wildkräutern schwören auf Giersch als schmackhaften Nährstofflieferanten in Salaten oder als Alternative zu Spinat.
Mit den zarten Knospen, welche es meist im Mai gibt und die man in Hülle und Fülle in der Natur sammeln kann, lässt sich ein wohlschmeckender Salat zubereiten.

Das Rezept und die Arbeitsweise entspricht dem Rezept „Spargel Fermentieren“ (Rezept Seite 142). Man kann auch die zarten Stängel vom Wiesen-Bärenklau sammeln, die es auch nur im Mai gibt, und dazugeben.

Gierschspitzen

Tee fermentieren

Durch die Fermentation ändert sich die ursprünglich grüne Blattfärbung und die Blätter werden bräunlich. Sowohl Gerbstoffgehalt als auch Koffeingehalt ändern sich. Vor allem bei Schwarzem Tee, der nichts anderes ist als fermentierter Grüner Tee.

In den Blättern sind nach der Fermentation noch etwa 20 bis 30 Prozent freie Gerbstoffe enthalten. Der Gerbstoffgehalt ist eine der wichtigsten Geschmackskomponenten im fertigen Tee. So befindet sich auch mehr freies Koffein im fermentierten Tee und die enthaltenen ätherischen Öle sind voll entwickelt. Das sorgt für ein kräftigeres Aroma.

Fermentieren kann man Erdbeerblätter, Pfefferminze, Brombeer- und Himbeerblätter und noch viele mehr. Die frischen Blätter – auf dem Bild (nächste Seite) sind Blätter von wilden Erdbeeren – auf ein Brett legen, mit einem Nudelholz fest andrücken, damit die Strünke aufbrechen, denn so fermentieren sie gleichmäßiger.

Die gerollten Blätter auf ein leicht feuchtes Leintuch legen, fest zusammenrollen und mit einer Klarsichtfolie fest verschließen. Drei bis circa zehn Tage an einen warmen Ort legen, und so fermentieren lassen. Bodenheizung im Bad, Fensterbrett, Abwärme-Gitter vom Kühlschrank eignen sich dafür sehr gut.

Man kann nach einigen Tagen auch nachsehen, wie weit die Fermentation fortgeschritten ist, muss sie aber dann wieder fest zusammenrollen.

Sind sie nach Wunsch gelungen, zum Trocknen auslegen und dicht verschlossen aufbewahren.

1. Blätter pressen

2. Blätter auf Leintuch legen und einrollen

3. fertig in Folie eingerollt

4. ohne und mit Fermentierung

Wein- und Haselnussblätter fermentieren

Gefüllte Weinblätter sind sehr bekannt. Sie gibt es aber nicht das ganze Jahr. Sie lassen sich ganz einfach fermentieren, dann haben wir sie das ganze Jahr über zur Verfügung. Und blanchieren brauchen wir sie auch nicht, durch die Fermentation werden sie auch weich und biegsam.
Aber nicht nur Weinblätter lassen sich fermentiert gut füllen.
Haselnussblätter verwende ich gerne, da sie eine gute Größe zum Befüllen haben.
Zum Fermentieren acht bis zehn Blätter übereinander legen, zu einer Rolle formen, und mit einem Küchengarn zusammenbinden.
Senkrecht in ein Bügelglas geben, dann lassen sie sich auch später portionsweise entnehmen.
Für ein 800 ml Bügelglas gebe ich 1 ½ Esslöffel Salz dazu, da die Blätter so besser konservieren und im angebrochenen Glas auch nicht verderben, da in der Regel nicht alle auf einmal verwendet werden.
Lindenblätter sind ebenfalls gut geeignet, sowie viele andere, die es in der Natur zum Sammeln gibt.

Füllung für fermentierte Blätter

Füllungen gibt es natürlich sehr viele, je nach Geschmack. Hier eine Idee und ein Bild von Hedda.

Gefüllte Haselnussblätter mit Feta Käse

Die fermentierten Haselnuss-Blätter auslegen, und aus einem Feta Käse Würfel schneiden. Der Käse zerfällt weniger, wenn man ihn vorher eingefroren hat. Den Käse nach Belieben würzen, und das Haselnuss-Blatt darüberfalten. Zwei Stück gegeneinander mit einem Zahnstocher verbinden.

Auf einem Grill oder in einer Pfanne etwas rösten. Ein tolles Fingerfood!

Löwenzahn-Kapern

Das ist ein sehr einfaches Rezept. Die Löwenzahn-Knospen gibt es bei uns Anfang Mai in reichem Maße und dies auch noch umsonst dank Mutter Natur. Zwar etwas zeitaufwendig zum Sammeln, aber wir brauchen nicht sehr viele.
So verwende ich auch nur ein kleineres Bügelglas.

Für die Haltbarkeit wird viel Salz benötigt. Einen Esslöffel Natursalz mit den Knospen vermischen, die gerade so in das Gläschen passen. Verschließen und einen Tag gären lassen.
Der höhere Salzgehalt ist notwendig, damit die Kapern konserviert bleiben, sobald das Gläschen angebrochen wurde.

Fermentierte Löwenzahnkapern

Mura-Tura

Bei den Gewürzen haben Sie freie Auswahl, je nach Geschmack:

Zwiebeln

Dill

Senfkörner

Koriander

Kümmel

25 g Salz auf einen Liter Wasser

Muskat-Blüte

Lorbeerblatt

Knoblauch

je nach Gusto feingeschnittenen Ingwer

milden Chili

Zum Schluss das Beste

Dafür gibt es eigentlich gar kein „Rezept". Hier können wir unserer Experimentierfreude „freien Lauf" lassen.
Diese Bezeichnung stammt aus dem Rumänischen, übersetzt bedeutet es etwa: Durcheinander, von allem etwas, also ein Gemüsemix.
Fermentiert man unterschiedliche Gemüse zusammen in einem Gefäß, so zeichnen sich diese Mischungen durch eine hohe Haltbarkeit, und eine sehr milde Säure aus.
Alle Gemüsesorten, die wir bei unserem letzten Gang durch den Garten einsammeln können, geben wir zurechtgeschnitten in Portionsgröße zusammen in den Topf. Natürlich kann man das auch das ganze Jahr machen.
Je mehr Vielfalt, umso besser entwickeln sich die Aromen. Kartoffeln eignen sich aber nicht, denn sie haben zu viel Stärke und fermentieren roh nicht.
Unbedingt viele Scheiben frischen Meerrettich gegen das Weichwerden der Gemüse mit in den Topf geben.
Kleine Gläser sind eher ungeeignet, da passt zu wenig „Vielfalt" rein.
Ich empfehle das Mura-Tura nicht unter einem Drei-Liter-Gefäß zu machen. Es braucht circa sechs Wochen.

Besuchen Sie mich doch auf meiner Homepage!
www.wald-und-wiesenschmaus.de

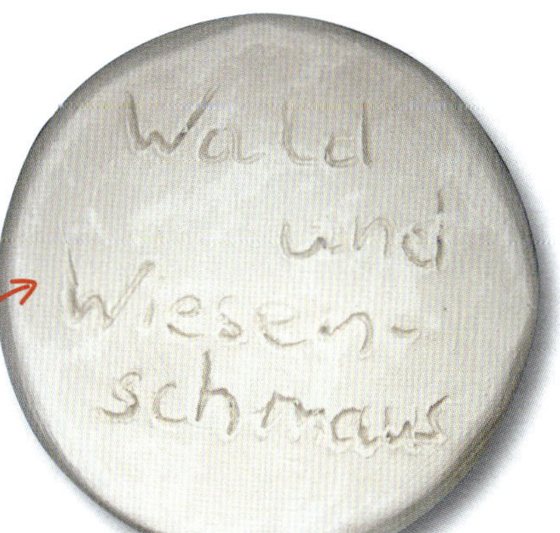

Zutaten für Mura-Tura